여보게!
자네가 인생을
아시는가?

민상식 지음

여보게!
자네가 인생을 아시는가?

2018년 9월 10일 초판 1쇄 발행

지 은 이 | 민상식
펴 낸 이 | 이영옥
편　　집 | 김보영

펴 낸 곳 | 도서출판 이든북
등록번호 | 제2001-000003호
주　　소 | (우34625)대전광역시 동구 태전로 43-1
(중동.의지빌딩) 201호
전화번호 | (042)222-2536
팩시밀리 | (042)222-2530
전자우편 | eden-book@daum.net

ISBN 979-11-87833-60-4 03810
값 15,000원

여보게!
자네가 인생을
아시는가?

민상식 지음

이든북

| 저자의 말

『여보게, 자네가 인생을 아시는가?』라는 제목으로 식견이 옹졸한 작은 책자를 하나 출판한다. '대단히 미안하고 송구스러우며 오만방자한 행위가 아니었나?' 라는 생각이 들기도 한다. 그럼에도 불구하고 이 책을 내놓는 이유는 나름대로의 뜻이 있었다. 즉, 인간이 인간임을 알게 하고자 하는 소박한 책무의식의 시대적 일념이라면 동감을 하시겠는가? 내가 본래 기독교인이다 보니 자연적으로 기독교적 색채가 다분하다는 사실을 비기독교적 독자들에게는 양해를 바란다. 옹졸한 치우침에서가 아니라. 그것이 사실이라고 믿었기에 많이 인용했을 뿐이다. 인간이 무엇이냐고 하는 질문에 대답은 '모든 이들의 말이 정답이고 모든 이들의 말이 틀렸다.' 라고 하는 것이 정답이라는 말이 있다.

인간이 인간을 말한다는 것은 그토록 쉽기도 하고 또한 어렵기도 한 것이란다. 재탕인생을 허락받지 못한고로 단회적 삶으로 끝나는 인간의 일생을 생각해보면서 어떻게 하면 조금이라도 더 인간이 인간임을 알면서 살아갈 수 있을까?

이것은 형이상학(形而上學)이나 형이하학(形而下學)적인 문제가 아니다.

그냥 그대로의 생활이고 생각이며 활동하는 모양 그것이다.

육체와 정신과 영혼의 삼위일체적 삶을 가진 인간이 웃고, 울면서 또 속이고 속으면서 일생을 살아갈 때에 할 수만 있으면 울지 말고 웃고, 속지 말고 속이지 말고 근원(根源)의 모상(母喪)대로 행복할 수 있기를 희망하기 때문이다. 웃으면서 살고, 사랑하며 살기도 세월이 유한(有限)하고 인생이 제한돼 있지 않은가?

관리당하는 지도자, 배부른 거지, 가방끈 긴 무식자 혹 속화된 종교성직자들에게 "여보게! 자네가 인생이신가?"라고 말 좀 하며 살기를 바란다. 이것은 인간이 인간이기를 위하는 필자의 간곡한 애원이기도 하다.

끝으로 다듬어지지 못한 투박한 어투와 세련되지 못한 문장으로 독자의 이해력을 망설이게 되는 점 이해하기를 바라며 도서출판 이든북 대표님께 감사드린다.

2008년 9월

의성(義聲) **민상식**

|차례|

제4장 원초적 본능

제5장 인간의 두 기능

제6장 삶의 목적론

제7장 운명의 손짓

제8장 최후적 승자

제9장 에이! 인간아

제10장 무엇이라고 말할까요?

여보게! 자네가 인생을 아시는가?

제 1 장
서론

1. 인간이란?

인간이 무엇인가?에 대해서는 예로부터 수많은 지식인 학자 사상가 영웅호걸 종교인 및 성인들이 무수히 말해왔으나 아직껏 인간이 이런 것이라고 말하여 인간 모두에게 공감대를 이루도록 검증된 바가 없다. 아마도 모르기는 하지만 앞으로도 그런 공감대를 이룰 수 있는 기대는 어려울 것으로 사료된다. 왜냐하면 인간은 신성(神性)형성을 떠나 창조된 신비로운 존재이기 때문일 것이다. 이러면서도 인간은 동물의 일종이고 서서 두발로 걷는 다는 것은 이미 자명한 사실로 받아들였다. 필자는 여기서 유대계 독일인 프롬(E.Fromm)의 인간의 대한 정의를 소개하면서 참고하고자 한다. "첫째:영지인(英智人-Homo sapiens) 둘째:공작인(工作人-Homo faben) 셋째:언어인(言語人-Homo loguens) 넷째:정치인(Homo politicus) 경제인(Homo oeconomicus) 종교인(Homo Religiosus) 예술인(Homo antex)

마술인(Homo magicus) 유희인(Homo ludens) 등은 모두 인간 특성의 일면들은 보여준다"라고 했다.

파스칼(pascal)은 인간을 생각하는 갈대라고 하면서 인간의 약함과 사고(思考)의 우월성을 주장했으며 형이하적(形而下的)으로도 인간은 결코 약한 존재가 아니며 많은 동물들에게 위협의 대상이 되고 있다. 오늘날 자연 파괴 문제가 대두되기 전에 벌써 후기 구석기 시대 이후 인간은 수많은 종교인(生物種)을 전멸 또는 그와 비슷하게 몰아갔다. 그것은 무기나 불의 사용뿐만 아니라 뛰어난 지능에서 유래된 격렬한 공격성에서 비롯된 것이라고 한다. 때문에 인간은 영작류이며 식육류로도 간주된다. 살인 고문 전쟁 등의 실례에서 보듯이 인간만큼 잔인한 동물은 없다. 그러면서도 인간은 이타적으로 행동이 가능하며 일상적으로 남을 위해주며 약자를 부조 애호하는 유일한 동물이다. 많은 동물은 늙어서 생식기능을 상실하면 죽게 되지만 인간의 경우, 노인은 사회의 보호를 받고 그 지혜와 경험을 사회에 충분히 반영한다. 인간은 동물과 달리 주체성을 유지하며 지능이나 기능의 발달이 기대되기 때문에 사회적 특유한 방법으로 교육을 받는다. 따라서 인간은 가치관을 갖도록 기대되며 신체와 생활도 사회문화에 영향을 받고 옷을 입고 살도록 강요당한다. 인간은 주위에 물체를 골라 가공할 줄 알며 도구를 만든다. 혹은 인간이란 사람과 사람 사이를 뜻하기 때문에 인간관계의 유지가 필요하다. 인간사회는 부부를 중심한 가족 단위를 기본으로 하고 사회나 근친 간에 협력과 상부상조의 미덕을 지킨다. 언어를 통하여 의사(意思)가 교통되며 교통되는 의사를 문자화하여 문명을 향상해간다. 그뿐만 아니라 인간은 인품이라는 것을 높이 평가하며 정신성의 중요성을 강조한다.

가. 어원

인간이란? 그 말에 있어서 어원을 찾기란 쉽지 않을 뿐만아니라 찾는다 하더라도 명쾌하리 만큼 확증 대답을 주지 못한다. 그러나 다음에 소개하는 몇가지 일반적인 정의는 공통적 인식을 가져오고 있다.

1) 에데츠(אֲרֶץ): 땅 토지를 의미하며 견고성 튼튼하다라는 뜻이다. 인간은 어느 만물보다도 견고하며 흔들림 없는 튼튼한 존재다.
2) 궤레브(לֵרב)인데 카다브(לֵרב)에서 유래된 말로써 생산하다. 준비하다.의 뜻이다.
3) 벤(בֵּ)은 바나(בֵּגֵן)에서 유래된 말로써 만드는 존재, 수선, 건축, 짓다라는 뜻을 포함하고 있다.
4) 인간에 있어서 人은 사람 개체에 불과한 것이며 간자(間字)가 포함되어야 진정한 인간이라는 것이고 이것은 다분히 너와 나 사이를 포함함으로 협동적 존재, 사회적 속성이라는 뜻이다. 그럼으로 인간(人間)이라고 쓰는 것이다. 이것으로 미루어 종합해보면 인간은 너와 내가 필요한 사회적인 존재로 어느 만물보다 굳세고 튼튼한 의지와 무엇인가를 만들고자 하는 지혜와 창조적인 속성을 포함하고 있다.

나. 출처

인간은 어디서 왔는가? 어떻게 생겼는가? 우화적인 질문 같으나 우리 한번 생각해 보자. 모르는 부분까지라도 더 확실한 출처를 알아내기 위한 노력을 계속해야한다.

1) 진화(進化)에 의한 발달이라고 하는 설

아메바(amoeba)와 같은 형체도 일정하지 않은 미생물의 존재에서 부단하게 진화해서 인간이 되었다는 것이다. 1859년 영국사람 찰스다윈은 『종의 기원』이라는 책에서 주장하기를 지금 세계에 있는 동, 식물의 수 많은 종(種)들은 본래부터 그런 상태의 존재가 아니었고 생물체가 주위 환경에 적응 하면서 수많은 종(種)으로 갈라져 오늘에 이르렀다는 것이다. 따라서 생존에 유리하게 변이된 개체는 살아남고 불리한 개체는 사멸되는 것이라고 했으며 그중에서 유리하게 변이된 개체만이 유전되고 공고화되어 본래의 종과는 달라져 새로운 종이 생겨나게 된다고 했다. 따라서 인간의 근본 출처도 이런 生命진화의 한 개념에 불과 한 것이라는 설이다. 오늘의 진화론은 유전학의 도움으로 진화의 요인과 동력, 그리고 법칙성을 해명하는 것을 기본 과업으로 내세움으로 진화의 요인으로 되는 변이의 원인과 성격이 염색체 및 유전자 돌연변이설에 의해 폭넓은 지지를 받고 있다.

2) 창조(創造)에 의한 근본

창조설은 기독교의 경전인 성경 속에서 소개되는 인간출처의 경이로운 주장이다. 하나님은 만물을 창조하실 때에 그 피조물은 종류대로 분명하고 확실하게 귀한 것은 귀한 것으로 천한 것은 천한 것으로 창조하였다. 그중에 인간도 애초부터 흙으로 사람의 형체를 빚어 만드시고 그 흙으로 된 형체 속에 영(靈)이라고 하는 하나님의 생기를 불어넣어서 아주 완벽한 인간을 만드셨다는 설이다. 이렇게 만든 것이 남자였고 여자를 만든 방법에는 남자의 방법과는 판이했다. 고적한 남자(아담)를 딱하게 여기셔서 남자가 잠든 사이에 그의 갈비뼈를 꺼내서 만든 것이 여자였다. 그래 놓고 서로 사랑하라고 명령하였고 아들과 딸을 낳게 하였다. 인간의 출처는 그 제조자(製造者)가 하나님이었고 재료는 흙이었으며 그 흙 속에 생기를 넣으셔서 영성이 공유되게 했다. 그래서 죽음이라고 하는 것은 영혼과 육신이 분리하는 장면을 말하며 살아 있을 때는 자기의 분신으로 생각하고 애정의 관계를 요구하고 있다. 이것은 근본적으로 초자연적 하나님의 능력에 의한 섭리였다는 것이다.

3) 일반적 설화(說話)에 의한 예기

가) 단군신화(檀君神話)

옛날에 환인(桓因)-제석(帝釋)을 이르는 말이다. 서자(庶子) 환웅(桓雄)이 계셔 천하에 자주 뜻을 두고 인간 세상을 탐내어 구했다. 아버지는 아들의 뜻을 알고 삼위태백산(三危太伯山)을 내려다보니 인간세계를 널리 이롭게 할만했다. 이에 천부인(天符印) 세 개를 주면서 내려가서 세상을 다스리게 했다고 한다. 환웅(桓雄)은 그 무리 삼천 명을 거느리고 태백산 꼭대기 신단수(神壇樹) 밑에 내려와서 이곳을 신시(神市)라 불렀다. 이분은 환웅천왕(桓雄天王)이라고 한다, 그는 풍백(風伯), 우사(雨師), 운사(雲師)를 거느리고 곡신, 수명, 질병, 형벌, 선악 등을 주관하고 인간사(人間事) 삼백예순 가지나 되는 일을 주관하여 인간세계를 다스려 교화하였다. 이때 곰 한 마리와 범 한 마리가 같은 굴에서 살면서 늘 신웅(神雄=환웅)에게 사람되기를 빌었다고 한다. 때마침 환웅이 신령한 쑥 한 심지와 마늘 스무 개씩을 주면서 말했다.

너희들이 이것을 먹고 백날(100일) 동안 햇빛을 보지 않는다면 곧 사람이 될 것이라고 했다. 곰과 범은 이것을 받아서 먹다가 곰은 기(忌)한 지 삼칠일 만에 여자의 몸이 되었으나 범은 능히 기하지 못했음으로 사람이 되지 못했다. 여자가 된 곰은 그와 혼인할 상대가 없었으므로 항상 단수(壇樹) 밑에서 아이 베기를 축원했다. 환웅은 이에 임시 변하여 그와 결혼해 주었다. 그 후 그가 임신하여 아들을 낳았으니 그 이름이 단군 왕검이었다.

– 삼국유사에서

제 2 장

인간의 종류

1. 인종적 분류

지금 지구상에는 약 75억 인류가 살고 있는데 그 신체적 특징이나 문화 역사 등이 매우 다양하다. 인류를 신체적 특징에 따라 분류한 집단을 인종이라고 하고 이에 대하여 문화적인 공통성에 따라 나누어지는 것을 민족이라 한다. 다시 말해서 인종은 살갗, 머리, 얼굴, 코, 머리털, 눈 등 생물학적 분류에 따라 같은 체질을 가진 인류의 집단이다. 따라서 민족이라 함은 같은 지역에 살고 같은 말을 쓰며 생활 양식, 풍습, 종교, 문화, 역사 등을 같이하는 집단에 속한다.

가. 백인종(카프카즈족)

1) 특색

피부가 희기 때문에 붙여진 이름이고 일면 카프카즈 인종이라고 한다. 이 인종의 특색은 머리털이 금빛이 나거나 갈색이고 물결모양의 곱슬머리가 많으며 키가 크고 얼굴은 길고 코가 높으며 입술이 얇다 온몸에 털이 많고 수명도 많이 난다.

2) 분포와 계통

카프카즈 종으로 분류되는 백인종의 계통은 크게 보아 북방계 남방계를 나누게 된다.

가) 북방계

(1) 아리안 족

㈎ 튜우톤족(게르만족)

앵글로 색슨인 독일인 네덜란드인 덴마크인 등은 북서유럽 지방에 흩어져 산다.

㈏ 라틴족

프랑스, 이탈리아, 에스파니아, 포르투갈, 루마니아인 등을 남부유럽 등 라틴 아메리카 지방에 분포되어 있다.

㈐ 슬라브족

프랑스, 폴란드, 체코슬로바키아, 불가리아, 세르비아인 등은 동부 유럽 지방에 모여 산다.

㈑ 겔트족

그리스인들 알바니아인들은 남부유럽지방을 중심해서 산다.

3) 남방계

가) 함족

베르베르인, 이집트, 소말리아인 등은 아프리카 북부지방에서 자리를 잡았다.

나) 셈족

에디오피아, 아랍인, 유다인 등 서남아시아에서 터를 닦아왔다.

다) 코카서스족

바스코족, 힌두족 등은 아리안 등지에서 살고 있다고 한다.

나. 황인종(몽고족)

피부가 황색이므로 황인종이라고 한다. 이 인종은 머리털이 검은색이나 흑갈색을 띠며 눈도 흑갈색이다. 키는 작으며 얼굴은 넓고 광대뼈가 튀어나왔으며 코가 낮으며 이 인종은 남부 시베리아와 서남아시아를 제외한 아시아 대륙과 태평양제도 등에 분포하여 살아가는 세계인구의 1/4을 차지한다. 이 인종의 분포와 계통을 구체적으로 살펴보면

1) 북방계

터키족, 몽고, 통쿠스족, 한국인, 일본, 핀족, 마자르족 등이 아시아 내륙 동부지대에 분포되어 살고 있다.

2) 남방계

한족(漢族), 티벳족, 아남족, 타이족, 비어마족 등이 중국 남방 아시아 등에 분포되어 있다.

3) 인디언

북미 인디언, 마야족, 아르택족, 남미 인디언들이 아메리카 대륙 등에 분포되어 있다.

4) 말레이 인종

말레이족, 인도네시아족, 폴리네아시아족, 필리핀족, 파프아족, 멜라네시아족, 오스트렐리아족, 태그메이니아족 등은 태평양제도 등지에 분포되어 살고 있는 형편이다.

다. 흑인종(니그론 인종)

1) 특색

피부의 색이 검기 때문에 흑인종이라고 한다. 이 인종은 머리털이 검고 곱슬머리이며 얼굴은 좁고 입술이 두꺼우며 턱이 약간 튀어나와 있다.

2) 분포와 계통

이들의 분포는 대개 사하라 사막 이남 아프리카에 살고 있으며 북아메리카 등에도 약간 살고 있는데 구체적인 분포를 보면

가) 수단니그론 - 기네아만 북쪽해안과 그 오지와

나) 반투니그론 - 반투족 드라비다족 등은 몽고가 유역일 산재하고 있으며

다) 소니그론 - 호텐토트 부시벤 피그미족 등은 칼라하리 사막 등 콩고강 유역에 산재한 분호족 등이다.

2. 인격에 의한 분류

인격이란 penson이란 말에서 왔는데 penson은 mask 즉, 가면이란 뜻이다.

가면은 연극에서 연기자가 자기에 해당된 역할은 위해 분장하는 일 또는 가면극에서 얼굴에 가면을 쓰고 그 가명에 해당하는 연기를 할 때 쓰는 말이다. 그러므로 인간이 각각 자기의 인격을 갖고 있다는 것은 자기가 자기 고유의 역할을 하도록 창조 되었다는 뜻이다. 그러므로 인격이란 나의 나됨을 알아 나를 아끼고 보존하고 성숙 발전하여 인간으로서 성공적인 삶

을 살게 하는 것이다. 그렇기 때문에 인격형성의 여하에 따라 가치와 무가치의 결과를 나타나는 것이다.

가. 악인(惡人)의 인격

'악'이란 본대 히브리어 라(רַע)인데 이 말은 히브리어 라아(רָעָה) 에서 유래된 말이다. 이 말의 본래의 뜻은 문자적으로는 '상하게 하다', '산산조각으로 깨뜨리다'인데 상징적으로는 '쓸모없게 하다'의 의미로 손해를 준다는 뜻이다. 인간이 인격을 형성하고 성숙해 갈 때 악의에 찬 인격을 키워간다는 것이다. 나의 나됨을 망각하고 자신을 보존, 성숙, 발전 시키지 못함으로 무가치 무용할 뿐만 아니라 존재의 필요성이 정지되는 불행한 인격을 가르킨다.

이 악은 욕심이나 자만심 혹 이기심에서 발생하는 예가 많은데 이 원인은 조물주를 무시하고 자행자지(自行自止)에 치우쳐 오만 불순함으로 커져가는 것이다.

나. 선인(善人)의 인격

'선'이란 히브리어 원어에서 보면 대개 두 종류의 단어를 볼 수 있다. 첫째로는 히브리어 야타브(יָטַב)인데 이 말의 뜻은 여러 가지로 사용되지만 여기서는 더 '잘되다', '유쾌하게 하다', '친절하게 하다'의 의미로 해석할 수 있다. 둘째로는 히브리어 원어 토브(טוֹב)인데 이 말의 뜻은 '잘되다', '아름답다'의 뜻으로 쓴다. 이와 같이 말의 뜻에서 보이는 바와 같이 선인의 인격은 자기가 자기를 보전 성숙시키며 선량하고 성공적인 생활 발전을 도모한 지혜로운 습관을 다듬은 사람인 것이다.

다. 자연인(自然人)

여기서 자연인이라 함은 어떤 고상한 철학적 표현으로의 말이 아니다. 그냥 그대로 악한 요소에 대해서나 선한 요소에 대해서나 무관심적으로 자기 편리한 방법대로 절제없이 규모없이 되는대로 사는 사람이다. 그런고로 어떤 때는 악한 모습도 있고 어떤 때는 선한 모습도 있고 또 어떤 때는 양심적일 때도 있는가 하면 그렇지 못하게 처신하기도 한다. 규범이나 질서없이 그때 그때 편리하고 유용한 대로 자기중심적으로만 살아가는 사람의 표상이다. 이런 종류의 사람은 잘해서 공헌을 하는 것보다는 옳지 못해 피해를 가하는 경우가 더 많다. 아마도 인간은 불완전한 존재이기 때문일 것이다.

3. 신앙심에 의한 분류

인간은 다른 동물과 달라 신심(神心)을 창조 받은 신앙심을 가지고 있다. 물론 각자에 따라 신앙의 대상은 각각 일 수 있지만 마음 한 가운데 잠재한 신앙심은 동일한 것이다. 제 아무리 무종교인이라고 자처하더라도 그렇다.

가. 자연인

위 인격적 분류에서도 자연인이란 표현을 했지만 여기서 자연인이라 함은 그것과 또 다른 의미를 포함하고 있다. 자기 자신을 세상에 최고로 알고 자기 자신을 기준(중심)해서 세상만사 세상만물을 생각한다. 양심이 있음을 인정하나 그 양심이 제대로 지켜지지 않으며 선(善)이나 의리(義理)를 강조하는 경우는 있으나 그것이 실제 생활에 적용되는 예가 드물다. 그저 먹고 입고 잠자는 등의 생활이 웬만하면 족한 줄로만 알뿐이기 때문에 그것을 위해 최선의 삶을 사는 것이다. 더 나아가 물질적 부유, 명예적 소문, 지식적 만족, 세상적인 요소에다 최고의 행복 관념을 두는 부류의 사람이다.

나. 불신앙인(無神心)

자연인과 불신앙인과 다르다고 하는 것은 자연인은 신심을 적극 부정하지 않지만 불신앙인은 결단적으로 신을 부인하는 무신론자다. 그 사람에게는 하나님도 없고 또 다른 어떤 신앙의 대상을 인정하지 않는다고 한다. 이런 사람은 타인의 입장을 알아주지 않는다. 단체나 사회에 건설도 아랑곳하지 않으며 그것이 구태여 필요하다면 자기 자신의 욕망을 채우기 위한 사사(私事) 욕을 위할 뿐이다. 이에게는 내세적 희망이 없으며 구원을 요구치 않는다. 선한 사업이나 양심에 소리 같은 것을 들어 줄 마음의 여유를 갖지 못한다. 자족에 취하는 이런 사람에게는 내일이 없으며 다음이라는 것을 덜 인정한다. 조물주를 잃어버린 인간으로, 나뭇잎을 엮어 몸을 가리고 숲속을 파고들어 몸을 숨기려고 하는 사람과 같은 것이다.

다. 신심(神心)의 사람

조물주가 준 양심을 값있게 생각하며 하나님의 형상을 닮은 영혼을 거룩하게 생각하는 사람이다. 이 사람은 영혼이 잘 되어야 육신이 잘된다는 진리를 깨달은 사람이요, 내세를 확신하고 천국과 지옥을 분별하는 사람이다. 선(善)을 행하고, 의(義)를 지킨 것이 천국시민의 기초적인 삶의 바탕임을 믿는다. 천국의 상급(賞給)과 지옥의 형벌은 삶의 결과로 주어지는 조물주의 섭리(攝理)임을 믿는다.

인류애를 실천하여 만민을 구원하고 암흑화(暗黑化) 되어지는 세상을 살려냄이 자기의 소임(所任)임을 깨닫는다. 가치있고 보람스러우며 타인의 귀감이 되는 것이 유일한 보람인 것을 믿고 실행하려하는 필요한 인간이다.

제3장

인간의 구조

인간의 구성요소는 생각하는 이에 따라서 여러 가지로 말할 수 있겠으나 기독교적 인간구성으로 보면 이분설과 삼분설을 각각 주장하는 통예(通例)가 있는 것을 본다. 이에 대해선 누가 옳고 그름을 떠나서 허심탄회하게 생각해보자.

1. 육체적 구조

인간의 육체는 참으로 신묘망측(神妙罔測)하리 만큼 신비스럽고 베일에 쌓인 요소들이 많다. 인간은 자아 인간에 대해서마저 알 수 없는 수수께끼임을 인정하면서 밝혀진 내용에 대해서 부분적으로라도 나열해 보도록 한다.

가. 뼈

인간에 있어서 뼈는 그 골격을 형성하여 인간의 형체를 보이는 설계상(設計象)이다. 이러한 인체는 약 206개의 뼈들이 일정한 배열로 구조되어 그 기본을 이루고 있다고 한다. 이 구조를 골격이라고 하며 뼈, 연골, 인대 등으로 구성되며 뼈 및 연골은 관절의 형태로 서로 연결되어 있으며 인대가 이들 관절을 지탱해 준다.

1) 뼈의 기능

가) 저장기능

칼슘, 인(靭) 등의 무기질이나 염화물을 저장하고 필요에 따라 혈액에 방출한다.

나) 조혈기능

장골의 골단, 편평골, 단골 등 해면질에 있는 적색 골수에서는 활발한 조혈이 이루어진다.

다) 보호기능

뇌, 내장, 척수, 안구 등의 내부 장기를 보호한다.

라) 지지기능

코 등의 연부 조직을 형태적으로 지지, 추골과 하지골은 체중을 지지한다.

마) 지렛대 작용

뼈에 붙어 있는 근육이 관절의 운동에 대해 지렛대의 역할 중 힘의 작용을 한다.

2) 뼈의 구조

뼈의 구조는 골막, 골질, 골수 등으로 구성되어 있다.

가) 골막(periosteum)

연골로 덮인 뼈의 관절관 표면을 제외한 모든 뼈의 표면을 싸고 있으며 근육이나 건(腱)이 뼈에 부착할 수 있는 자리를 마련해 준다. 이 섬유성의 골막은 강한 결합 조직의 막으로 혈관과 신경이 많이 분포되어 뼈에 영양을 공급하고 뼈를 보호하여 뼈의 재생에 중요한 역할을 한다.

나) 골질(osteoid)

골질은 치밀질과 해면질의 두 조직으로 되어 있다. 외부에 있는 치밀질은 골세포와 기질로 조밀하게 구성되어 있으며 단단한 부분으로 주로 혈관이나 신경이 통하는 관인 하버스게로 구성되어 내부에 해면질은 스펀지처럼 구멍이 많은 골소강들이 서로 얼겨 있는 망상구조로 되었으며 그 속에 조혈기관인 골수가 있다.

다) 골수(bonemarrow)

골수에는 적골수와 황골수가 있는데 적골수는 조혈작용을 하며 성인의 장골의 골단, 단골 및 편평골의 해면 절내에 있으며 황골수는 적골수의 조혈작용이 중지되어 주로 지방으로 대치된 상태의 골수로 성인의 장골의 골간에서 볼 수 있다.

3) 뼈의 분류

가) 형태적 분류

(1) 장골(longbone)

두 개의 골단과 한 개의 골간으로 구성되어 있으며 골간부는 중앙 부분이 가늘어지는 형태로 주고 두껍고 단단한 치밀골로 장력이 있으며 그 내부는 골수강을 형성한다. 상완골, 대퇴골, 요골, 척골, 경골, 비골 등으로 중력을 지탱하거나 근육에 대해 지렛대 역할을 한다.

(2) 단골(shortbone)

구조는 장골과 같으나 짧고 수근골, 족근골 등이 이에 속한다. 길이가 짧아 장골에 비해 운동 범위가 제한적이다.

(3) 편평골(flatbone)

납작하고 편평한 모양으로 두정골, 견갑골 등이 있고 근육의 부착을 위해 넓은 면이 있다.

(4) 불규칙골(irregularbone)

모양이 복잡하고 특이하며 척추골, 두개골 중의 많은 뼈들이 이에 속한다.

나) 위치적 분류

(1) 두개골 뇌두개 8개 + 안면골 15

뇌두개 – 후두골 1, 접형골 1, 측두골 2, 두정골 2, 전두골 1, 사골 안면골 – 하비갑개 2, 누골 2, 비골 2, 서골 1, 관골 2, 구개골 2, 상아골 2, 하악골 1, 석골 1

(2) 체간 : 척추 32개 – 64 + 흉곽 25개

척추 = 경추 7, 흉추 12, 요추 5, 선추 5, 미추 3–5

흉곽 = 흉추 12, 늑골 12쌍. 흉골 1

(3) 사지: 상지 64개 + 하지 62개

상지 = 상지대골 – 쇄골 2, 견갑골 2 자유상지골 – 상완 2, 전완(요골2, 철골2), 수골(수근골16, 중수골10, 지골28) 하지 = 하지대관골2, 대퇴골(대퇴골2, 슬개골2), 하퇴골(경골2) 비골자유하지대 – 족골(족근골14, 중족골10, 족지골 28)

다) 연골(cartilage)

연골은 단단하고 약간 탄력이 있는 투명한 조직으로 딱딱한 젤리와 유사하다. 연골에는 소관이나 하버스 관이 없고 연골세포간에 물질 이동은 세포간질을 통한 확산으로 이루어진다. 세포간질은 젤리 모양의 기질에 포장된 교원 섬유의 그물로 구성되어 있다. 관절 연골의 기능에는 과다한 마모를 방지 운동에 따른 충격 흡수 관절의 맞춤을 원활하게 하며 관절의 탈구를 방지한다.

(1) 조자연골(hyaline)

맑고 투명한 청백색이며 많은 교원섬유가 기질 내에 묻혀 있다. 뼈의 관절면, 늑연골, 기관, 후두, 코 등에서 볼 수 있다.

(2) 섬유연골(fiber)

매우 질기며 압력과 견인의 힘이 크고 섬유형 결합 조직과 구조가 비슷하다. 치밀한 교원섬유로 된 결합조직으로 사이 사이 초자연골의 기질과 같은 부분이 있다.

(3) 탄력연골(elastic)

연골 중에 가장 탄력성이 풍부한 것으로 외이, 이관, 후두개 등에 있다.

라) 관절(joint)

뼈의 연결은 봉합, 연골, 결합, 관절의 세 가지가 있는데 봉합은 뼈 사이가 톱니와 같이 결합해서 밀착되어 전혀 움직이지 않는 뼈의 결합으로 두개골의 결합상태를 말한다. 연골결합은 흉골과 늑골 사이에 늑연골이 있어 결합된 것처럼 연골에 의해 결합된 경우이며 관절은 뼈와 뼈 사이에 관절강이 있어 운동을 할 수 있는 구조이며 사지가 이에 해당한다.

(1) 관절의 구조

관절을 형성하는 두 개의 골단은 보통 한 쪽이 볼록한 관절두(joint caput)와 오목한 관절와(joint fossa)가 있다. 관절은 연골로 덮여있어 매끈하기 때문에 자유로운 운동이 가능하고 서로 부딪치지 않는다. 두골단은 관절호로 싸여 있어 두골단과 관절포에 의해

관절강이 형성되고 속에 혈맥이 있어 골단의 충돌을 방지학 관절면의 마찰도 감소된다. 관절의 외측에는 인대가 두 뼈를 연결하고 있어 관절을 보호하고 과도한 신전(伸展)을 방지하는 역할을 한다.

(2) 관절의 종류

관절두와 관절와의 모양에 따라 관절의 운동 범위가 결정됨으로 관절은 관절을 구성하는 뼈의 수 운동축 뼈의 모양 등에 따라 구분한다.

(가) 뼈의 수에 따른 구분

① 단관절(simple articulation)
두 뼈로 된 관절로 결관절, 고관절 등이 있다.

② 복관절(compound articulation)
세 뼈 이상의 뼈로 이루어지는 관절로 주관절, 요골, 수근관절 등이 있다.

(나) 운동축의 수의 따른 구분

① 일축상 관절
관절운동이 한 축으로만 이루어지는 관절로 중수지절 관절 등이 있다.

② 이축성 관절
관절운동이 두 개의 축에 의해 이루어지는 관절로 요골수근관절 등이 있다.

③ 다축성 관절
여러개의 축으로 자유로이 운동하는 관절로 결관절 등이 있다.

(다) 관절 모양에 따른 구분

① 주관절(spheroid)

관절두가 불룩하고 관절외가 오목하여 여러 방향으로 자유롭게 운동하는 관절로 견관절, 고관절이 있다.

② 안관절(saddle)

관절두와 관절와가 모두 말안장처럼 좌우로 퍼져 있는 관절로 엄지손가락의 제일 수근 중수관절이 있다.

③ 경첩관절(hinge)

홈이 파인 관절두와 이에 맞는 모가 있는 관절와로 이루어져 마치 경첩과 같이 운동방향이 수평 축을 따라 한쪽 방향으로 되는 관절로 슬관절과 주관절 등이 있다.

④ 차축관절(trochoid)

원판상의 관절두와 이에 적합한 관절와가 바퀴처럼 감싸면서 도는 관절로 경추관절과 요척관절이 있다.

⑤ 과상관절(condyloid)

관절두가 구형이고 관절와가 얕은 소켓모양으로 되어 있어 회전운동이 안되는 관절로 굴곡과 신전(伸展)만 할 수 있고 막관절과 중수지절 관절이 있다.

⑥ 타원관절(ellipsoid)

관절두가 타원형이고 관절와는 얕은 오목 모양인 관절로 요골수근 관절이 있다.

⑦ 평면관절(plane)

모양과 크기가 거의 같은 두관절면이 평면으로 되어 그 사이에 활주만이 있는 관절로 수근간 관절, 족근간 관절이 있다.

나. 살(근육)

인체에는 크고 작은 약 400개의 골격근으로 조직되어 있어 빠르거나 혹

복잡한 운동을 할 수 있는 것이다. 심근이나 내장근은 뼈와는 관계없이 자루 모양인 장기의 벽에 분포되어 있기 때문에 이 근육들이 수축운동을 함으로서 자루 안에 내용물들이 밀려나간다. 그 한 예가 심장은 혈액을 밀어내어 몸으로 돌게하며, 방광은 오줌을 밀어내서 밖으로 배설케한다.

근육은 그 구조나 기능면에서 보면 손, 발, 가슴, 배 등 따위에 피부바로 밑에 있으면서 뼈와 사이에 붙어 있는 골격근(骨格筋)과 심장벽을 이루고 있는 심근(心筋)과 위, 방광, 자궁등의 벽을 이루고 있는 내장근(內臟筋) 등이 있다. 보통 살이라든가 근육이라든가 하는 것은 골격근을 말하는 것인데 이 골격근은 '가로무늬근'이라고도 하고 '수의근'이라고도 한다. 또한 심근(心筋)도 가로무늬가 있음으로 가로무늬의 일종이라고 하는데 역시 자기에 자체력에 의해 움직일 수 없는 것이다. 위에 설명에서도 있었지만 골격근은 자체의 지에 관계있는 운동신경이 저달해 주는 자극에 의해 움직이지만 심근이나 내장근은 자체의 지와 무관한 자율신경에 신호에 따라 움직이며 또한 경우에 따라서는 아무런 신호를 받지 않아도 자동적으로 수축을 되풀이 하는 성질을 가지고 있다. 심근에는 이런 성질이 있음으로 우리는 뇌나 신경이 쉬고 있는 수면중에도 혈액을 순환시킬 수 있기 때문에 생명을 유지 할 수 있는 것이다. 근육의 기능은 오므라진다는 것으로 이것을 근육 수축이라 하며 수축된 근육은 굵어지는데 이른바 알통이라는 것도 상완(上腕)의 근육이 수축된 현상을 말하는 것이다.

1) 근육의 종류

위에서 설명한 것을 조금 구체적인 입장에서 몇 가지를 나열하여 생각해보자.

가) 근육의 성질에 따른 분류

근육에 성질을 분류한다면 속근(백근)/백근(속근)

나) 근육에 부착에 따른 분류

근육이 수축할 때 기시부분은 고정되어 있거나 정지부분이 뼈와 함께 이동한다. 부착부에 따라 공격근, 관절근, 피조 등으로 구분한다.

다) 형태에 따른 분류

방추상근, 우상근, 반우상근, 이두근, 삼두근, 사두근, 이복근, 다복근, 힘줄 근육등으로 형태분류를 하게 된다.

라) 작용에 따른 분류

굴근, 선근, 외전근, 내전근, 내회전근, 외회전근, 회내근, 회외근, 괄약근, 거근, 거상근, 산대근, 장근, 윤근, 손바닥근, 하체근 등 운동시 주동적으로 움직이는 주동근, 동일방향으로 운동하는 협력근, 반대방향으로 운동하는 길항근이 있다.

2) 근육의 분류

가) 항문근(골격근)

손, 발, 복배근, 혀, 인후(수의근), 동안근, 성대, 항문 등 대부분의 골격근은 근육의 근두가 다른뼈의 부분에 부착되어 정지(insertion)한다. 관절의 움직임은 인체의 동작이나 자세 또는 공간적인 위치의 변화를 가져오기 때문에 골격근은 그 부착지점이 중요한 의의를 가진다.

나) 평활근

심장 이외에 내장기간(혈관, 자궁, 소화관, 방광, 수뇨관)이 있으며 기능적으로 불수의근으로 자율신경의 지배를 받으며 수축시간이 20초-수분이 된다. 횡문근과 평활근의 수축이 서로 다른 점은 평활근의 수축 속도가 10/1 - 100/1 늦다는 것이다.

다) 심근

횡문근이지만 골격근보다 원형질이 많고 근섬유자 근형질세망은 적다. 활동전압의 모양은 가시전압에 이어 뚜렷하게 긴 평탄부가 있다. 이 기간에 불응기가 계속되기 때문에 심근의 불응기는 현저히 길다. 골격근과 심근의 다른점은 흥분할 때의 세포막의 이온투과성에 있는데 심근의 활동전압의 지속시간은 골격근보다 10-100배 길다. 활동전위의 불응기도 길고 반복해서 자극하더라도 심근에서는 수축이 가중이 있고 강축은 일어나지 않는데 심근이 단시간이라도 강축을 일으키면 사망에 이른다.

3) 근육의 화학적 조성

근육의 혈약 공급은 근섬유로 둘러싼 결합조직 중에 분포되어 있는 모세 혈관에 의존하여 모세 혈관의 분포는 단면적 1㎟당 4,000개가 있지만 안정시에는 일부만 열려있다.

가) 수분 - 75%

나) 고형성분 - 25%

- 유기질 23.7% - 단백질 20% / 함질소 물질 1.7% / 탄수화물 1% / 지방 0.1%
- 무기질 1.3% - 나트륨, 칼륨, 철, 칼슘, 마그네슘, 황, 인

4) 근육의 생리적 특성

가) 수축성(contractilty) - 근섬유는 자극을 받으면 근원섬유의 길이가 수축한다.

나) 탄성(elasticity) - 근섬유가 잡아 당겨 길어졌을 경우 그냥 두면 원상태로 돌아간다.

다) 흥분성(excitability) - 자극을 받으면 흥분하여 여러 가지 변화를 일으킨다.

라) 전도성(contuctirity) - 근섬유의 한끝을 자극하면 흥분이 근섬유 전체에 전달된다.

5) 골격근의 기능

가) 운동 - 수축에 의해 신체의 일부나 전체를 움직이게 한다.

나) 자세유지 - 부분적 수축을 계속하거나 앉아 있는 자세 유지 등 신체의 자세를 유지한다.

다) 열생산 - 모든 세포가 이화작용으로 열을 생산하지만 골격근은 양적으로 많고 각 세포의 활동성이 높아 체내의 대부분 열생산은 근세포들에 의한 것이라 할 수 있다. 근의 활동중에 방출되는 에너지의 75%가 열로 소모되고 나머지 25%가 힘을 발휘한다. 근수축시의 열발생은 수축기(근내부 저항을 이기는데 사용)에 29%, 이완기(근수축시의 근장력의 에너지가 열에너지로 변화된 것)에 16%, 회복기(산화과정에서 발생하는 열량)에 55%로 회복기에 가장 많은 열을 발생한다. 이는 체온의 항생성 유지에 주요한 기능이다.

다. 세포(DNA)

인간의 몸은 약 60-100조개나 되는 작은 세포로 되어있는데 이들 세포의 각각의 핵 속에는 46개의 염색체가 들어 있다. 이 46개의 염색체를 게놈(genome)이라고 하는데 게놈이라고 하는 이 염색체는 남자의 정자를 통해서 23개 여자의 난자를 통해서 23개 합 46개로 된 염색체인데 그 중에 22쌍까지는 쌍염색체라고 불리고 마지막 한 염색체는 성염색체라고 불리며 이것을 xy염색체라고도 한다. 이 23쌍의 염색체는 유전자(DNA)로 이루어져 있으며 한 개의 염색체에는 수 천개의 유전자가 들어 있다고 하는데 유전자의 각각 속에는 6,000쌍의 염기로 구성된 것이 있으며 약 30억쌍으로 이루어진 DNA는 그 길이가 1.5㎜이며 무게는 1천억분의 1g에 불과한 DNA 가닥에 담겨져 있다고 한다.

라. 각 중요 지체

지체라는 말은 성경 고린도전서 12장에서 자세하게 말씀하고 로마서 6장 13절에서도 너의 지체들을 부정하게 사용하지 말라는 말씀으로 교훈하고 있다. 인간의 몸은 여러가지 지체들로 구성되어 한 몸을 이루고 있으며 그 지체 중 어느 것 하나도 귀하지 않은 부분이 없으며 하나의 지체가 정상적이지 못할 때는 온몸 전체가 괴로움을 당하게 되는 것이다. 뿐만아니라 요즘 우리는 정신지체라는 말을 생성하여 사용하고 있다. 여러 종류의 크고 작은 지체들을 다 자세하게 설명하기는 어렵고 중요한 지체 몇 가지를 소개한다.

1) 뇌(惱)

뇌란? 우리 머리 속에 들어 있는 신체기관이다. 이 뇌라고 하는 지체는 아주 놀라운 능력을 가지고 있으면서도 아주 연약하기 때문에 두개골이라는 뼈로 둘러싸여 있다. 뇌의 기능은 우리가 생각하고 있는 모든 것과, 보는 것, 말하는 것, 냄새 맡는 것, 모든 감정 그리고 우리 몸이 움직이기 위해 필요한 모든 행동을 관장하는 곳이다. 뇌는 이렇게 중요하기 때문에 만약 뇌의 기능을 잃는다면 우리는 아무것도 할 수가 없게 되며 삶의 존재가 무의미하게 되는 것이다. 그러면 뇌는 과연 어떻게 그런 기능을 수행하고 어떻게 생겼는가 하는 궁금증이 많겠지만 아직도 신비에 쌓인 뇌의 비밀을 다 밝히지 못한 중에 수 많은 학자들의 연구는 계속될 것이라 믿으면 다음의 몇 가지를 생각해본다.

가) 크기

인간의 뇌의 크기는 쥐뇌에 100배, 개 뇌의 5배이며 고릴라의 뇌보다는 작다고 한다. 남자의 뇌는 약 1350g, 여자의 뇌는 1250g이며 세포수는 약 1000억개라고 한다.

산소 소비량은 인체 소비량의 20%를 뇌에서 소비하고 있으며 뇌에 혈액 공급이 중단되면 5초 이내에 사망한다고 한다.

나) 역할과 종류

인간의 뇌는 대뇌(大腦)와 소뇌(小腦)로 구분되는데 인간의 두뇌에는 100억개의 뉴런이 있어 정보교환을 한다. 대뇌는 좌뇌와 우뇌로 구분되는데 그들의 역할을 각각 반대편의 지각과 운동을 담당하고 있다. 그런고로 좌뇌는 몸의 오른쪽을 우뇌는 몸의 왼쪽을 맡아 관장한다.

그런고로 오른쪽을 움직일 때는 반대쪽 좌뇌에서 명령하고 뇌출혈로 사고를 당했을 때는 반대쪽 지체가 병든다. 뿐만 아니라 좌뇌는 언어뇌라고도 하며 언어중추가 자리잡고 있다. 그렇기 때문에 좌뇌가 발달한 사람은 언어구사 능력, 문자, 숫자, 기호이해 조리에 맞는 사고 등 분석적이고 논리적이며 합리적 능력이 뛰어나며 일반적으로 아이들 성장에는 좌뇌 발전을 개발함이다. 따라서 우뇌는 이미지 관리뇌라고도 한다. 그림이나 음악감상, 스포츠 활동 관습적 상황을 파악하는 직관과 감각적인 분야를 예민하게 담당한다고 한다.

2) 호흡기

인간에 있어서 호흡이라는 것은 그 어느 지체보다 중요한 역할을 하므로 호흡이 중단 되어 사망에 이르기 때문에 그 중요성을 더한다.

공기 중에 산소를 흡입하여 각 조직세포에 보내고 각 조직세포에서 대사과정에 의하여 생성된 이산화탄소를 외기 중으로 배출하는 것인데 호흡에는 내호흡, 외호흡으로 구분하기도 한다.

내호흡 – 세포(미토콘드리아) 안에서 산소를 소비하고 몸안에서 이루어지는 대사과정에서 이루어지는 호흡으로 조직호흡이라고도 한다.

외호흡 – 외부와 폐포 상이에서의 산소와 이산화탄소의 가스 교환 과정으로 공기가 폐포내로 유입되는 것은 전적으로 압력차에 의한 것으로 이 압력차는 흉곽의 팽창과 수축에 의한다. 보통 숨을 쉴 때는 늑간근만 활동하는데 늑간근에는 늑골의 하연에서 기시하여 대각선 방향 앞쪽으로 달려 하위늑골의 상연에 부착하여 이에 수축에 의해 흉곽의 용적이 커져 흡기가 이루어지는 외늑간근과 외늑간근의 반대방향으로 있는 내늑간근이 있어 흉곽이 작아지고 호기가 이루어진다. 횡격막은 흉곽과 복강사이에 위치하며 흉곽쪽으로 튀어 나온 구조를 하며 이의 수축으로 흉곽 용적이 커져 호흡기를 돕는다.

가) 호흡기의 구조

(1) 공기-코(입)-인두-후두-기관-기관지-세기관지-폐포-혈액과 접촉

(2) 비강은 호흡기계에서 공기와 처음 접촉하는 곳으로 공기를 적당한 온도와 습도로 조절하고 먼지를 제거한다. 콧털이 큰입자의 먼지나 세균을 걸러내고 비강개의 점액층에서는 1차로 라소좀(lysome)이라는 효소가 세균을 파괴 용해시킨 다음 인두부를 통해 입으로 넘어간다.

(3) 호흡은 인두와 후두를 통과하면서 2차로 여과되어 기관지로 보내진다.

(4) 기관은 후두에서 이어지는 길이 8-10㎝ 지름이 약 1.5㎝정도의 자바라(물통)와 비슷한 기관이다.

(5) 인두는 비강에서 이어지는 기도로 구강에도 연결되어 음식물의 통로가 되기도 하며 인두 밑에 끝부분에는 앞뒤로 움직이는 후두개라는 돌기가 있어 음식물이 지나갈 때 뒤로 움직여 후두의 입구를 닫아 음식물이 기관으로 들어가지 못하도록 한다.

(6) 후두는 인두와 기관지 사이를 말하며 두 장의 횡문근막으로 된 성대가 있다. 후두는 연골로 된 벽으로 이루어져 있으며 수평면에서 단면이 삼각형을 이루는데 그 정점이 아담의 사과라고 하는 볼록뼈이다.

나) 호흡의 과정

(1) 외호흡 – 외부의 공기가 폐포내로 들어가는 과정과 폐포막을 통하여 폐포에 분포된 혈관 내에 이동하는 과정과 혈액 내에서 일반 조직으로 이동하는 과정을 외호흡이라고 한다.

(2) 호흡과정 – 폐환기

폐포공기와 혈액사이에 가스 교환, 혈액에 의한 산소 이산화탄소의 운반, 혈액과 조직세포 사이의 가스교환

(3) 내호흡 – 조직세포의 산소이용과 이산화탄소의 생산

다) 호흡운동

호흡은 흡식과 호식이 주기적으로 일어나는 것으로 폐포내압과 대기압의 차에 의해 공기가 이동된다. 흉곽이 확장되면 폐도 확장되어 폐포내압이 대기압보다 낮아져 흡식이 이루어진다.

(1) 흡식(inspiration)

- 혈액 중에 이산화탄소의 증가로 인한 호흡 중추의 흥분이란 이산화탄소의 양이 증가하면 호흡중추가 자극되어 흥분한다.
- 미주신경에 의한 흥분의 전달은 호흡중추의 흥분은 미주신경에 의하여 횡경막이나 늑간근에 전달되어 이 두 근육이 수축 운동을 시작한다.
- 외늑간이 수축하여 늑골이 위로 치켜올리고 횡경막이 수축하여 아래로 내려오면 흉강이 확장된다.
- 폐의 확장은 흉강이 확장되면 흉강 내압이 낮아지면서 폐가 확장된다.
- 흡식은 폐가 확장되어 외부에서 공기가 폐 속으로 들어온다.

(2) 호식(expiration)

- 폐의 확장으로 인한 자극이 신경을 거쳐 호흡중추에 전달되면 중추의 기능이 쇠퇴한다

- 호흡 중추의 기능이 쇠퇴하여 내늑간근의 수축하고 횡격막과 외늑간근이 이완되면 흉강은 수축된다
- 폐의 수축 – 흉강의 수측으로 폐강압이 높아지면 폐는 기계적으로 수축된다.
- 호식 – 폐의 수축으로 폐 속에 공기가 체외로 밀려나간다

라) 폐환기(ventilation)

- 1회 호흡량(total volume) – 안정시의 매 호흡시 흡입 및 호출하는 공기의 양
- 흡기 예비량(inspiratory reserve volume) – 안정시 흡식 후, 더 들어 마실 수 있는 공기의 양
- 호기 예비량(expiratory reserve volume) – 안정시 호기 후 노력하여 더 낼 수 있는 공기의 양
- 잔기량(residual volume) – 최대 호기 후 폐속에 남아 있는 공기의 양

이런 몇 가지를 폐환기중에 폐용적인 부분이고 다음으로 폐용량을 살펴보면

- 흡기용량(inspiratory capacity) – 호기가 끝나고 최대로 들어 마실 수 있는 공기의 양
- 기능적 잔기량(functinal residual volume) – 호기가 끝나고 폐에 남아 있는 공기의 양
- 폐활량(vatal capacity) – 최대 호흡기에 이어 최대 호출할 수 있는 공기의 양
- 폐용량(total lung capacity) – 최대로 흡입하였을 때 폐내에 공기의 양

마) 폐포환기

- 일반적인 환기는 호흡사강(respiratory dead space)을 포함하며

호흡사강에서는 기체의 교환이 가능한 폐포 환기가 중요하다.

- 폐포환기량은 환기량에서 호흡사강 용적을 뺀 것으로 일반 성인의 호흡사강 용적은 150ml 정도이다.
- 1회 호흡량의 증가는 동일한 조건의 폐환량에서 폐포 환기량을 증가시킴으로 유리한 듯하다. 1회 호흡량의 증가에는 보다 많은 에너지를 요구함으로 전체적으로 보면(호흡의 효율면에서) 반드시 좋은 것만은 아니다.
- 폐포 환기량의 증가는 1회 호흡량과 호흡수 증가에 있어 적절한 조화가 필요하다.

3) 눈

인간에 있어서 눈은 그 어떤 지체 만큼이나 중요하다는 것은 모르는 사람이 없을 정도다. 눈은 마음의 창이라고 할 만큼 그 사람의 인격과 속사람을 보여주는 투명한 거울이라고 한다. 이것에 대해서 생각해 보자.

가) 안구

- 외막(外膜) – 안구에 있어서 외막이라 함은 각막과 공막으로 둘러싸여져 안구를 보호하고 있다.

(1) 각막 – 안구 정면에 위치하여 시계의 유리와 같은 둥근 부분으로 투명하고 혈관이 없습니다. 피 보우막만 실질 데스멘막 내피의 5층으로 되어있고 안구 겉표지의 약 1/6을 차지합니다. 각막은 안구를 보호하고 광선을 굴절시켜 망막에 도달하게 하는 창문 역할을 합니다.

(2) 공막 – 눈의 전면에 하얗게 보이는 부분으로 안구 겉표면의 5/6를 차지하며 앞쪽은 각막에서 뒤로는 뇌막의 연장인 시신경초까지 연결되어 있는 섬유성 조직으로 탄력성이 있습니다. 공막은 안구의 형태를 유지하며 동맥과 신경 4개의 외정맥이 통과하며 외안근이 부착합니다.

• 중막(中膜) – 혈관과 색소가 충부한 갈색의 조직으로 포도막이라 하여 다음 3가지로 구성됩니다.

(1) 홍채 – 가장 앞쪽에 있는 원반 모양이며 중앙에 둥근 구멍을 동공이라 합니다. 동공은 조리개의 역할을 하며 눈에 들어가는 광선의 양을 조절합니다.

(2) 모양체 – 홍채 군부에서 망막의 전반 끝 부분의 거상열까지 평활근과 혈관으로 구성된 조직입니다. 모양체는 모양근에 붙어 있는 모양소대를 수축 또는 이완하여 수정체의 두께를 변화시켜 조절을 합니다. 또한 전방수를 생산하여 안구에 영양을 공급합니다.

(3) 맥락막 – 망막과 공막사이에 있는 0.1–0.2㎜ 두깨의 혈관막으로 공막을 통해 빛이 들어가는 것을 차단시켜주고 망막의 바깥 1/3에 영양을 공급합니다.

• 내막(內膜) – 카메라의 필름과 같은 기능을 하는 부분으로 시각에 가장 중요한 역할을 하는 장막이 있습니다. 망막에는 무수한 시세포와 고도로 분화된 신경세포가 있고 앞쪽은 거상연부터 뒤쪽에는 시신경 유두까지 안구의 내면을 싸고 있습니다. 내막은 색소층과 신경층으로 나누어지며 10층으로 구성됩니다. 특히 시신경 유두에서 3㎜ 우측 약간 아래에 타원형의 함몰부가 있는데 이를 황반부 그 중심부를 중심와라하며 외부에서 들어온 물체의 상이 맺히는 부위는 중심세력에 중요한 역할을 합니다.

• 기타 안내용물

(1) 수정체 – 앞, 뒷면이 볼록한 바둑알 모양으로 혈관이 없으며 무색 투명하고 두께가 4㎜ 직경이 9㎜의 볼록렌즈로써 홍채의 뒷

모양 소대에 의해 달려있습니다. 모양체 근육의 운동으로 모양 소대가 수축되거나 이완되면 수정체가 두꺼워지거나 얇아져서 조절기능을 합니다.

(2) 진씨 모양체소대 – 모양체와 수정체의 적도부를 연결하는 섬유성 끈으로 수정체를 고정시키며 모양체 근육에 의하여 수축과 이완을 하여 수정체의 두께를 변화시켜 줍니다.

(3) 유리체 – 수정체 뒤에서부터 망막까지의 공간을 채우는 투명한 겔 상태의 물질로 99%가 수분이고 1%가 콜라겐으로 구성되어 있습니다. 유리체는 눈 속에 차있어서 안구의 형태를 유지하여 망막이 잘 붙도록 안구 벽으로 밀어주는 역할을 합니다.

(4) 전방수 – 모양체의 상피에서 생성되어 눈의 전방에 차 있다가 슐렘관을 통하여 정맥으로 배출합니다. 용량은 0.2ml입니다. 방수의 생성과 배출은 비율이 일정하여야 하며 이 균형이 깨지면 안압의 변동이 생깁니다. 방수는 수정체의 대상에 관계하여 각막에 영양을 공급합니다.

나) 시신경

망막의 신경절로부터 나오는 100만개의 축색으로 구성된 신경줄기로써 시신경공을 통하여 두 개강내에 들어간 다음 시신경 교차부로 연결됩니다. 시신경 교차부를 통한 시신경섬유는 양쪽시색을 이루어 후외방으로 주행하여 외술상체로 갓 시방선을 형성하고 후두엽의 시피질에 이르며 이곳에서 물체를 느끼게 됩니다.

다) 안부속기

• **안와**

얼굴의 가운데를 중심으로 양측에 있는 뼈로 둘러쌓인 공간으로 밀면을 앞으로 한 피라미드형입니다. 안와는 상, 하, 내, 외의 4벽이 7개의 뼈로 구성되어 있습니다. 안와의 용적은 약 30ml로써 안구가

1/5을 차지하고 나머지는 외안근 신경 혈관 눈물샘(눈선) 눈물멍이 있어서 신경과 혈관이 통과하고 있습니다. 안와는 두꺼운 뼈로 구성되어 있어서 외상시 외부로부터 안구를 보호합니다.

• 눈꺼풀(안검)

눈꺼풀은 피부, 근육, 검판과 결막의 4층을 구성되는 조직으로 위 눈꺼풀(상안검)과 아래 눈꺼풀(하안검)로 나누어지는 것이다. 위 눈꺼풀에 근육층에는 위 눈꺼풀을 올림근(상검거근)과 안윤근이 있어 눈을 뜨고 감는데 작용을 하게 되는 것이다. 눈꺼풀의 외부의 자극으로부터 눈을 보호하고 눈으로 들어가는 광선의 양을 조절하며 안구 표면에 눈물을 고르게 적셔주는 역할을 한다.

• 결막

눈의 흰자위인 공막을 덮고 있은 얇고 투명한 점막으로 혈관이 풍부하며 검결막, 구결막과 원개 결막으로 구분되며 결막 상피층에는 점액을 분비하는 배상세포가 있고 덧눈물샘(부누선)이 있는 것이다.

• 눈물기관

눈물기관은 눈물(누액)을 분비하는 눈물샘(누선)과 이를 배출하는 눈물길(누도)로 구성되어 있으며 주 눈물샘은 안와, 상벽, 외측, 눈물샘, 오목(눈물와) 속에 있고 덧눈물샘은 원개결막에 있는 것이다. 눈물은 눈물샘에서 분비되어 눈을 적시고 위 아래 눈물점을 통해 눈물소관과 코눈물관을 지나 하비강으로 배출되어지는 것이다.

• 외안근

안구는 4개의 직근과 2개의 사근에 의해 움직이며 이들은 신경에 의해 민감하게 조절되어 안구에 운동이 부드러워지는 것이다.

라) 귀

(1) 귀의 구조

인간에 있어서 귀는 인체의 이목구비나 실용적으로 사용되는 필요성으로나 중요지체인 것을 부정 할 수 없을 것이다. 사람의 귀의 구조는 크게 보아서 외이(外耳), 중이(中耳), 그리고 내이(內耳)로 구분 할 수 있다.

㉮ 외이

연골로 형성된 귓바퀴와 귀지가 생기는 외이도로 이루어져 있으며 이 외이도는 바깥쪽 1/3의 연골부와 안쪽의 2/3의 뼈 부위로 되어 있고 연골부에 이구선 피지선 등이 있다.

㉯ 중이

외이와 중이의 경계 부위에 고막이 있는데 고막의 안쪽을 중이라고 한다. 중이 안에는 아주 조그마한 3개의 뼈들이 있어 외이를 통해 들어온 소리가 고막을 진동시키면 그 소리를 내이로 전달하는 역할을 한다.

㉰ 내이

소리를 감지하는 달팽이관과 몸의 균형을 담당하는 세반고리관이 있으며 이 세반고리관은 소뇌와 같이 작용하여 몸의 평형을 유지하게 되며 이 세반고리관에 이상이 있을 경우 현기증이 오며 균형에 이상이 초래된다.

(2) 귀의 기능

이상의 귀의 구조 설명에서와 같이 귀에 기능은 크게 소리의 감지와 몸의 평형 유지기능으로 나눌 수 있다. 인간이 들을 수 있는 가장 낮은 진동수는 16Hz이며 가장 높은 진동수는 20000Hz인데 이것을 음역이 풍부한 오르간의 소리를 예로 든다면 16-32Hz의 소리가 첫 음정이 되며 32-65Hz의 소리가 둘째 음정이 된다. 보통

60세를 넘으면 노인성 난청으로 5000Hz 이상의 소리는 청취가 어렵게 되지만 대부분의 음악은 5000Hz이하의 진동수를 가진 악기들로 연주하므로 록음악에서 베토벤의 교향악에 이르기까지 음악을 감상하는데 어려움이 없다.

(3) 음파

음의 전도 과정을 알아보면 음파가 내의로 도달하는 전도를 세 가지로 나누어 생각 할 수 있다. 외이도(外耳道)로 들어온 음파에 의한 고막의 진동이 이소골 연쇄를 거쳐서 난원창으로 들어가는 것을 공기 전도라 한다. 고막을 거치지 않고 두개골을 통하여 직접 내이(內耳)로 전해지는 것을 순수 골전도라 한다. 두개골을 통하여 이소골 연쇠를 거쳐서 난원창으로 전도되는 것을 골고실 전도라 한다. 이 개는 음파를 모아서 외이도로 도입하는 집음관 역할을 한다.

외이도는 S자 모양의 굴곡으로 음파를 반사하여 고막쪽으로 내는 공명기 역할을 한다. 정상인의 자연 공명은 2.000-3.000Hz 정도에서 약 20데시벨로 가장 크다. 고막에 도달한 음파는 고막을 진동시키고 이는 이소골에 충실히 전달된다. 고막은 음압을 느리고 진폭도 느리는데 저음이 고음보다 진폭이 크다. 고막 결손시 약 30데시벨 정기 위해서 필요한 기관이다. 음파는 음향 특성이 다른 매체에는 그대로 전도되지 않고 반사되게 된다. 또한 만약 중이(中耳) 및 이소골이 없으면 음파가 정원창과 난원창에 직접 동시에 들어가게 되어 관성 및 골벽에 저항으로 저항이 매우 커지게 된다. 이소골의 연쇄는 한쪽창에만 음파를 전도하게 되어 저항을 줄이는 역할을 한다. 그래서 중이(中耳)가 음압 변환기로써 존대한다고 하며 내이(內耳)의 저항을 줄이는 역할을 한다. 중이의 한 부분인 구씨관은 중이강과 목 뒤의 비인강을 연결하는데 구씨관의 상부는 뼈로 구성되어 항상 열려있으며 그 하부는 연조직으로 구성되어 평상시에는 닫혀 있는 상태다. 구씨관(유스타키오관)은 고막을 중심으로 하여 외이와 내이의 공기압력의 균형을 이루어 주는 역할을 하며 구씨관(유스타키오관)은 삼키는 운동이나 하품을 할 때 세 번에 한 번쯤 열려서 외부 공기를 중이강내로 받아들여 외부의 대기압과 평형을 이루게 하며 정상인이 비행기를 타거나 혹은 갑작스런 고도변화가 있을 때 느끼는 귀가 멍한 감각은 병적 분비물의 배설작용을 한다. 인근, 등골근, 구막장근 등은 강한 음에만 반사적으로 수축한 음에 의한 내이의 손상을 방지한다.

(4) 세반고리관

세반고리관은 몸의 회전을 감지하는 기관으로써 3-4개 정도 있다. 각각의 세반고리관은 서로 다른 평면에 놓여 있는데 이러한 배열에 의해 모든 방향에서의 가속이나 감속 움직임을 감지 할 수 있게 된다. 각 반고리관은 액체(림프)로 채워져 있고 이 액체가 움직이게 되면 관바닥에 분포해 있는 융포 세포들을 밀게 된다. 액체가 움직임에 따라 이 융포 세포들이 구부러지면서 수용지 전위가 발생하게 되며 이는 뉴런을 자극하게 되어 신경 충격을 죄로 보내게 된다.

(5) 전정기관

전정감각은 머리 위치의 움직임이나 변화를 감지하는 감각으로 내이의 전정기관에서 일어나게 된다. 전정기관은 통낭과 소낭으로 구성되어 있다. 통낭과 소낭의 융모 세포들을 젤라틴으로 싸여 있고 그 위에는 탄산칼슘의 작은 알갱이들이 들어 있다. 이 알갱이들이 융모세포를 누르면 눌린 융모 세포들은 신경충격을 받게 되어 머리의 위치를 알게 된다. 이런 충격은 척수로 가서 반사 행동에 의해 몸의 위치를 바로잡게 한다. 전정감각은 눈을 감고 있을 때도 머리가 반듯하지 아니하면 기울어졌는지를 느끼는 감각이다. 이 기관에 이상이 있으면 두 가지 다른 반응을 보이게 된다. 어떤 아이들은 전정자극에 너무 민감하여 일상적인 운동(그네타기, 미끄러지기, 뛰기, 몸 기울기)에 대해 공포 반응을 보이게 된다. 또한 층계나 경사진 길을 기어오르거나 내려오는 것이 잘 베워지지 않고 평평하지 않거나 불안정한 면 위에서 걷는 것을 걱정스러워한다. 따라서 공간에 대해 두려워하는 것처럼 보이고 일반적으로 어설퍼 보인다. 다른 한 쪽의 아이들은 아주 심하게 몸을 움직이거나 뛰는 등 활동을 하게 되면 더욱 강한 감각 자극을 참곤한다. 이 경우는 전정감각계가 자극에 과소 반응을 함으로써 계속해서 전정감각계를 자극하려는 것이다. 지체에 대한 구조와 기능이 신비하듯 귀에 대한 하나님의 솜씨 도한 감탄해 맞이 않을 수가 없다.

(6) 구조적 조직

- 귓바퀴 – 각종 소리를 모아 전달한다.
- 고막 – 음파에 의해 진동한다.
- 청소골 – 고막의 진동을 증폭시켜 달팽이관에 전달한다.
- 유스타키오관 – 중이와 외부의 기압을 같게 조절한다.
- 달팽이관 – 림프액이 차있으며 청세포가 있다. 전정계 고실계 달팽이세관으로 나뉘어져 있다.
- 전정기관 – 청사에 의해 중력의 방향과 몸의 위체에 따라 위치와 자세를 감각한다.
- 반고리관 – 림프액의 유동에 따라 감감 세포가 흥분하며 회전 감각한다.

(7) 청각의 성립

- 고막–청소골–나원창–림프액의 진동–청세포의 흥분

(8) 소리와 전달

음파가 외이를 거쳐 중이의 고막에 도달하면 고막의 진동이 청소골에서 증폭된다.

청소골은 내이의 난원창에 연결되어 있음으로 청소골의 진동은 난원창을 진동시켜 내이의 림프액을 진동시켜 결국 청세포가 흥분하게 된다. 고막의 면적은 난원창의 면적의 20배이고 고막과 난원창을 연결하는 청소골은 섬세한 지레 역할을 하여 음파를 2개 증폭시킴으로 난원창에 도달한 소리의 세기에 20배나 증폭이 될 수 있다.

㉮ 유스타키오관

비행기를 타고 갑자기 높은 곳으로 올라가면 외부 압력이 낮아지므로 고막이 바깥쪽으로 팽팽하게 휘어져 소리가 잘 들리지 않고 멍한 느낌이 든다. 이때 침을 삼키면 유스타키오관을 통해 중이의 공기가 빠져나오게 됨으로 고막이 원래 상태로 되어 소리를 듣게 된다. 유스타키오관은 외이와 내이의 압력이 낮아지도록 도와준다.

㉯ 평형감각

우리 몸의 중심을 잡고 움직이는 활동생활을 균형있게 유지하도록 하는데 귀에 역할 역시 절대적이다. 그것은 몸이 회전하게 될 때 회전 감각을 느끼게 하며 위치 감각을 발휘하여 몸의 기울어짐을 사전 방지하는 감각의 역할이다.

2. 정신적(精神的) 구조

'자네가 인생을 아시는가?' 라는 말을 할 때 겉으로 나타난 육체적 성분과 더불어 눈에 보이지 않는 정신적 성분을 가진다. 이 양면적인 성분은 생략할 수 없는 요소이며 어쩌면 육체적 현상은 내면적 정신에 지배대로 움직이는 기구에 준한다고 하면 어떨까 한다. 흔히 사람들은 정신을 어떤 뜻이나 의미 혹은 상징적인 무형에 가치에다 고정하려 하지만 참 인간에 있어서 육체에 상반된 정신이란? 그런 상징적인 의미에서의 준한 가치가 아니면 육체 이상으로 실존하는 인간의 실체인 것이다.

가. 정신(情神)

정신은 주물주께서 인간을 창조하실 때부터 신묘망측한 신비의 차원에서 존재하게 만든 생명력 있는 능동적인 부분이다. 이것이 시각적으로 분간이 안 되는 표현이라 하여 어떤 상징적 의미로만 취급해서는 안된다. 왜냐하면 정신의 명령 활동 역할에 의해서 육체 즉 형상화된 인간의 활동이 실행되는 것이기 때문이다. 다음은 원어에 의해 정신의 정체를 이해하도록 하자.

1) 어원

성격상에 나타난 정신이란 단어는 신약에서만 볼 수 있는 흔치 않은 단어다. 헬라어 "솝흐로니조(σωφρονιδω)로 건전한 마음을 만들다" 라는 뜻인데 이 말은 솝흐론(σωφρων)이란 말에서 유래된 단어이다. 이 σωφρων 에 뜻은 근신, 분별력이라는 뜻으로 사용된 말이지만 이 말 역시 어원으로 들어가 보면 σώδω(소조)라는 근원에서 파생 발달한 말이다. 따라서 이 말의 뜻은 "잘하게 하다." "완전하게 만들다."의 뜻이 있다고 한다. 이로 미루어 보면 인간이 인간되는 바탕은 그 사람의 정신이 얼마만큼 건전하고 온전을 유지하느냐에 따른 것이라고 생각하게 된다.

2) 정신의 본질

정신의 본질적 특성이라 함은 어떤 사람의 메시지라도 희망과 미래를 향하여 얼마만큼이나 자신을 열어 놓을 수 있는가를 드러내는 정도에 따라 신빙성을 갖게 된다는데 있다. 따라서 인간은 의식적인 정신 요소와 무의식적인 정신 요소를 모두 지니고 있으며 그것들은 각각 기능과 관점을 가지고 있다는 것을 알게 된다. 또한 무의식의 영역이 혼돈된 상태인 것처럼 보이지만 자체 내에 지적 요소를 지니고 있다는 것을 알 수 있다. 우리는 의식과 무의식의 관계를 대화나 토론 또는 독일어의 논쟁(Auseinandersetzung) 그리고 분석(taking apart) 정화(cldrifying) 대결(confrontation)이란 말로 설명 할 수 있다. 이들은 계속적인 대화를 하고 있으며 그것은 결국 서로 간의 영향을 주고받는 변증적 과정인 것이다. 따라서 정신에 대해서 설명한다는 것은 매우 역설적인 일일 수가 있다. 무의식의 영역 속에는 삶의 찌꺼기 뿐만 아니라 거룩한 것들의 모습도 들어 있다. 과거의 인상뿐만 아니라 미래에 대한 상상도 들어 있다. 다양한 성향들이 혼란스럽게 뒤섞여 있음에도 불구하고 무의식은 또한 전체성(全體性)을 보여주며, 인격의 완성을 향해 움직인다. 인간의 무의식의 내면세계에는 우월한 점과 열등한 점, 천국과 지옥 그리고 영적인 것과 세속적인 것이 역설적으로 결합되어 있다고 한다. 정신을 단순히 이성으로 간주하려는 사람은 본질을 제대로 알 수 없는 것이다. 정신이란 삶 자체만큼이나 복잡한 것이고 역설적인 부분이다.

3) 육체와의 관계

인간! 그대는 그대의 육체가 나타내고 있는 그 모습 자체가 그대의 인간의 전부가 아니다. 그대 인간의 본질은 정신이다. 손가락으로 가르킬 수 있는 어떤 모습도 아닌 것이기 때문에 인간! 그대는 신(神)에게 속한 존재임을 알아야 한다. 그대 속에 깃들고 있는 정신이 움직이고, 느끼고, 기억하고, 예견하고, 지배하므로 육체를 이끌어 나가고 있음을 알라. 神이 세계 위에 군림하고 있듯이 육체 위에 군림하고 있는 것이 정신인 것이다. 그리고 영원한 신이 세계를 이끌어 가고 있듯이 불멸의 정신은 그대 인간의 육체를 이끌어 나가고 있는 것이다. 최후의 날이란 우리의 종말적 멸망의 날을 의미함과 아울러 오직 변화를 가져오고 있을 뿐이다. 라고 생각해 보자.

4) 정신의 작용

생각한다는 것은 그것이 바로 정신의 작용을 의미하는 것이며 그 원인을 발동시키면 그 원인이 움직임을 계속하여 그것에 상응하는 결과를 낳는다. 대(大)생명력의 세계의 모든 것에 걸쳐 그러한 현상을 볼 수가 있다. 만일 겨자씨를 뿌리면 거기에는 반드시 겨자씨가 날 뿐이지

엉겅퀴가 나는 일이 없다. 그러므로 겨자가 필요하면 반드시 겨자씨를 뿌려야 한다. 이렇게 되면 씨앗을 뿌리면서 겨자를 얻을 수 있다는 신념을 갖게 된다. 그렇기 때문에 씨앗은 뿌려져야만 되는 것이다. 이럴 때 이 사실 등은 모두 정신이 작용하고 있다는 뜻이다. 그런고로 모든 일이 일어나는 것은 정신작용의 결과인 것이다. 너무나도 오랫동안 우리들은 안일하고 무식하게 처박혀 자신의 두뇌나 순환계통이나 그 밖의 육체적 기능만을 말하는 단순한 존재로 생각하고 말았다. 정신을 두뇌나 신체의 배경에 있는 자각을 가진 대 생명력의 그 포인트라고는 인정하지 않았었다. 무엇이 두뇌나 신체를 가능하게 할까? 애당초 두뇌나 신체의 존재는 무엇에 근거하는 것일까? 이러한 모든 것은 높다란 하늘이나 우주 공간 밖에 있으면서 마법의 지팡인지 무엇인지 휘두르는 위대하고도 더 없이 지고한 하나님이 하는 힘이라고 우리는 생각하고 있는 것이다. 우리의 과실이나 실패, 빈곤, 불행, 질병 즉 우리들의 생애의 좋지 못한 일들을 조물주 탓으로 돌릴지도 모른다. 일부 사람은 악마라 부르는 나쁜 신에게 죄와 불행의 원인을 뒤집어 씌우기도 했다. 다시 말해서 많은 사람은 진리에 직면하려고 하지 않고 자신의 부정적인 사고방식에서 가슴 아픈 불행한 체험을 만들어 낸 것이다. 대 생명력의 창조의 위력은 우리 각자가 적용 활용하기에 달려 있다. "정신은 창조의 도구이다. 누구나 그것을 사용하여 우리가 바라는 세계를 만들어 낼 수 있는 것이다." 라는 말이 있다. 그럼 우리는 여기서 정신작용에 의해 만들어지는 긍정적인 몇 가지를 생각하면서 긍정적이지 못한 상대적 사례도 있을 것임을 전재해준다.

가) 용기

지체의 부작용으로 삶의 활동이 위험하게 될 때 그 역경을 극복하고 끈질긴 인내와 노력으로 빛나는 삶을 자랑스럽게 개척했다면 그 사람의 정신력의 용기는 제2의 인생을 만드는 것이다. 움직이지 못하는 중풍병자를 네 사람의 친구들이 협력하여 난관을 이기고 예수 앞에서까지 머물게 하여 그 중풍병을 고쳤다는 성경이야기는 정신력에서 나오는 긍정적인 용기가 인간을 인간되게 했던 것임으로 생각해야 할 것이다.

나) 수양

정신적 작용의 여하는 그 사람을 선한 사람도 만들고 반대로 악한 사람도 만들어 낸다. 대다수의 인간들은 부(富)를 찾아 누리기 위해는 온갖 심혈을 기울이지만 그런 애처로운 형상적 수단보다는 정신수양의 작용이야 말로 그 사람 인간의 생애를 고상하고 빛나게 하는데 공헌하는 데가 크다는 것을 알아야 할 것이다. 석가가 6년간을 고행했다고 하는 수양은 석가 육체의 소욕을 초월한 정신적 수양이었던 것이다.

다) 사상

인간에 있어서 사상은 그 사람을 어떻게 살게 하느냐 하는 중심축이다. 그 사상의 정립은 정신적 작용에서 만들어지는 것인데 그 사고의 중심적, 생활방식, 세상인식, 활동의 방향, 방식 등 제반 모든 인간의 모습들이 정신에 작용에 의해 갖게 되는 사고방식에서 되어지는 것이다. 즉, 정신 가짐이 바탕화 된 자리에서 선인. 악인. 공산주의, 자본주의 등 사상가 생활인으로 구분 정립되는 것이다. 그런고로 인간은 인간됨의 의도(義道) 정립에 따라 만들어진 사상성이야 말로 그 사람의 인생을 사람답게 만드는 것이다.

라) 행복

본다는 것은 보는 사람 속에 있고 사고는 사고하는 사람 속에 있으며 생명은 정신 속에 있음과 같이 행복이라는 것 역시 정신 속에 있음을 우리는 부정할 수 없다. 왜냐하면 행복이라는 것도 어떤 종류에 생명이기 때문이다. 인간에 있어서 행복하다함은 그 사람의 정신의 안정과 평화를 이룰 때 자아의 만족한 행복을 만끽하는 것이다. 형상 세계에서 재물의 만족? 이성의 향락? 욕구의 충족 등은 일시적 혹 부분적 행복 등의 곁가지에 불과한 요소들이다.

5) 정신의 힘

정신은 모든 시간적인 것을 이상적인 것으로 파악 가능한 힘인 것이다. 정신은 그 성격상 이상적인 것이며 사물 등은 그 외적인 형태에 있어서 유약한 부분이다. 정신은 지상 역사를 통해 경험한 자신의 생애에 대한 기억을 자신의 재산으로 만들어야 한다. 이런 기억된 경험들이 정신의 용광로에서 보충 협력 집결 발산되어 질 때 그 사람의 정신적 힘은 칠 배나 더할 것이다. 이런 인간상을 정립한다면 그 사람은 자신과 세상을 관리 할 수 있는 능력자가 되는 것이다. 이런 사람의 힘은 형상세계를 초월한 사탄, 죄, 불의, 거짓, 이단 등의 괴악한 시험들을 이겨 승리하게 된다.

6) 탁월성

인간에 있어서 정신 문제는 색깔과 형상이 드러난 것이 아니기 때문에 특정인을 지적하여 탈월한 정신이다라고 하기는 곤란하고 아울러 어느 사람이든지 간에 인간에 있어서 그 정신을 다른 피조물에 비하여 월등히 탁월하다함은 새삼 논의 할 문제가 아니다. 왜냐하면 체격적 월등, 수명의 월등을 자랑하는 타 동물들로 그 정신면에서는 사람을 추종하지 못하며 시간에 지배를 받고 있기 때문이다. 아울러 우리는 인간에 탁월한 정신을 논할 때 제왕이나 천민으로 구분하여 탁월성을 논해서는 안 되는 이유는 제왕이나 천민으로 구분하여 탁월성을 논해서는 안 되는 이유는 제왕의 정신도 인생을 망치고 다스림의 세계를 거덜내는 경우가 있고, 촌민 같은 무식한 인간도 그 정신이 숭고하여 타에 존경과 덕행을 보여주는 사람이었다. 조물주로부터 신성한 정신을 부여 받은 인간은 그 조물주의 형상을 유지하여 신성과 인성을 조화있게 배치 발전시켜 자아와 사회에 조물주의 섭리를 나타냄으로 명예롭게 살아가는 삶을 만들어 가는 것이다.

7) 거룩성

정신은 육체를 지배하는 인간 활동의 명령 부분이다. 그렇기 때문에 원론적으로는 모두가 거룩한 정신이다. 그럼에도 불구하고 우리는 거룩한 정신을 구별코자 하는 것은 그 정신에 따라서 인간 행위가 성속(聖俗)이나 선악의 결과를 현상화 되는 것이기 때문이다. 창조자의 신성과 공의로운 덕행과 가치 있는 삶으로 자기인간을 만들어 갈 때 우리는 그 사람을 가르켜 거룩한 정신의 소유자라고 말하는 것이다. "이것이 인간이다."라고 말할 때 정신이 올바르고 건전한 생활을 정착시킨 사람을 가리키는 것이다.

나. 마음의 세계

마음이라는 단어는 성경 구약에 376회 신약에 138회 걸쳐 기록 강조하고 있다. '마음'이라는 구약 단어는 레브(בֵּל)라는 표현의 글자인데 이 말은 구약단어 레바브(אָבַב)에서 유래된 말인데 이뜻은 '스스로 생각하다, 혹 가슴을 편안하게 하다'라는 뜻이고, 이말 역시 히브리 원어 라바브(אָבַב)에서 유래된 말인데 이뜻은 사랑에 열중하다(좋은 의미) 어리석게 보이게 하다.(나쁜 의미)라는 뜻으로 이해된다. 138회를 기록하고 있는 신약의 의미로는 카르디아(κορδια)라는 말로 원래 라틴어 카르(kap)에서 유래되었다. 그 뜻으로 보면 감각 중심부 상처 받은 마음 등으로 이해되는 단어다. 이것으로 미루어 요약해보면 인간은 정신 부분에 있어서 마음은 인간의 어떤 깊은 곳 중심점을 가리키며 그 부분이 안정되고 질서를 유지하며 사랑이 열을 가할 때 올바른 인간상을 만드는 요점 부분이라는 것을 알 수 있다.

1) 마음의 개념

마음이라는 단어 영문으로 하드(heart)는 의지라는 단어보다 상당히 많은 함축성을 지니고 있는 단어인 것이다. 이 사실은 이스라엘 사람들이 욕구, 욕망, 신념, 의지나 행위의 사이를 구별하지 않고 그것을 전체로써 파악했다고 하는 점에서 옳은 말이다. 이 전체성의 중심, 그리고 통일체의 핵심은 인간이 의지적 존재라고하는 점에서 발견된다. 왜냐하면 인간의 마음은 내면적이고 신비하며 잠재의식적인 심층적 사고의 내용들과 공개적이며 가시적이고 행동적인 측면들이 서로 연관성을 가지고 있기 때문이다. 따라서 인간의 마음, 또는 의지는 결단에 관계되고 있는 문제가 아니다. 오히려 전체적으로 중첩되어 있는 경향성 또는 그의 삶의 방향과 관계되어 있는 문제이다.

2) 마음의 자세

조물주와 우리와의 관계에 있어서나 여러 가지 사건을 만나면서 인간의 삶에 있어서 가장 중요한 것은 마음에 자세이다. 죄라고 하는 것은 근본적으로 말이나 행위에 있지 않고 이런 것을 내놓는 마음의 자세에 있다고 예수는 말했다. 다시 말해서 인간의 행실은 선한 것이나 악한 것이나 유무죄 하게 만드는 것을 그 행위 자체나 결과에 있는 것이 아니고, 다만 그 행위의 동기 다시 말해서 그 행위를 있게 한 의도에 있다는 것이다. 고런고로 마음에 자세에 따라 선과 악이 구별되게 나타나는 것이다. 그 뿐만 아니라 마음이란 내면적이며 무형한 것이기에 죄나 욕심 같은 것도 행위에 나타나기 전에 이미 내면적 주인격인 마음이 결정 명령한 것에 불과한 것이다. 신의 성품은 인간이 그 마음 중심에 신(神)을 인식하고 그 명령에 의해서만 삶을 만들어가야 참 인간의 모습을 행동화 할 수가 있는 것이다.

3) 덕과 죄의 근원

구약성경 잠언서 4장 23절에 보면 "무엇보다도 네 마음을 지키라 그것이 바로 복된 삶이다."라고 말씀했고 같은 성경 21장 2절에서는 "사람이 하는 일이 제 눈에는 옳게 보여도 여호와께서는 그 마음을 헤아리신다."라고도 말씀했다. 이로보면 '인간에 있어서는 자기 마음이라도 자기 자신이 알지 못하고 있는 부분이 많은 것이다.'라는 진리를 발견하게 되며 말의 표현으로나 자기 관리 능력 이상으로 신비한 부분임을 우리는 부인할 수 없으며 따라서 자기가 아는 정도에 마음에서 '덕(德)'이라고 하는 긍적적인 요소와 '죄(罪)'라고 하는 부정적인 요소로도 평가되는 것이다. 인간이 인간답게 살자면 참으로 그 깊은 마음속에 잠재한 경건하고 덕있는 부분을 발휘하여 인간답게 사는 것이다.

4) 마음의 병

육체적인 몸에 병들면 괴롭고 짜증스럽고 고통이 따르는 것이다. 병에 종류에 따라 차이는 있지만 육체적 병중에도 못 견디게 몸부림치는 참지 못할 것 같은 병도 있다. 그러나 그것보다 더 무섭고 소름끼치는 병이 마음의 병이다. 인생이 무너지고 영혼이 멸망을 당하는 경우가 마음의 병인 것이다. 육체를 지탱하고 있는 중심축인 마음이 돌이킬 수 없는 병을 앓게 되면 그 치유는 오직 조물주께서라야만 고칠 수 있다. 조물주 하나님을 잃어버리고 자기 인생의 푯대를 상실한 채 죄와 불의를 당연한 것처럼 답습하여 윤리도덕 양심이 화인 맞아 어두운 멸망의 함정 속으로 스스로 빠져가면서도 그 자체를 인식하지 못하는 불쌍한 병자인 것이다.

5) 마음은 하나님의 성전

성전이라 함은 글자 그대로 직역하면 거룩한 집이라는 뜻이다. 이 거룩한 집에 주인은 하나님이시며 그 하나님은 그 집에 거하시는 것이다. 그 집이 바로 인간들의 마음이라는 뜻이다. 성경에는 사람의 마음은 성령이 계시는 전이라고 하였다. 이런 거룩한 집인 마음에 성전에 주인이신 하나님이 계시지 못하게 되면 그것은 불행한 것이다. 때로는 이런 것으로 마음의 지옥을 느끼면서 괴로워하는 사람들도 있는 것이다. 죄, 사탄의 사상, 악한 영, 거짓, 교만, 욕심, 속임수 등 이런 요소들이 성전된 인간의 마음을 불결하게 만들고 있다. 성전이 불결 할 때 예수는 채찍을 들고 때렸으며 책상을 둘러엎으시기도 했다. 일시적 감정에 표출

이 아니었고 불타는 가슴에 의문이었다. 신심으로 채워야하고 온유, 겸손, 기쁨, 사랑, 이해, 배려, 도움 등으로 채워질 때 그 마음은 하나님의 성전으로써의 자랑스러운 마음일 것이다. 신약성경 갈라디아 5장 20절 등에는 성령의 사람으로써의 마음을 말씀하고 있다. 어느 환경에서라도 행복을 느낀다.

다. 양심

양심이란 말의 쉬네이데시스(συγείδηίς)는 쉬네이도(συγείδω)에서 유래된 말인데 이 말 역시 그 부리는 에이도(είδω)에서 그 근본을 찾는다. 이 말의 뜻은 '알다', '깨닫다', '보다', '생각하다', '이해하다' 등으로 풀이되는 말이다. 이 단어는 신약성경에서 28번을 기록하고 있지만 그 뜻은 고린도전서 8장 7절에서 기록한대로 깨끗한 양심을 우상에 대한 제물에 의해 악하고 더럽게 되었다라고 했다. 인간에 있어서 양심이라 함은 그 본래처럼 깨끗할 때 하나님을 향해 찾아가는 것이라고 했다. (벧전 3:21) 인간다운 모습에서 참 양심을 다음과 같이 말해보자.

1) 양심의 의미

인간이 자기 마음, 자기의 기질, 자기의 행위를 승인하거나 혹은 승인하지 않거나 하는 인간 안에 있는 기준 바로 이것이 양심이다. 자기 안에 있는 법을 지켜보는 이 힘은 자기 자신이 만든 어떤 무엇이 아니라 자기 존재와 더불어 함게 있도록 섭리하신 조물주의 창조 부분인 것이다. 이 양심은 자기 안에서 자기를 다스리면서 '선 혹 악'을 판단 결정하여 인간 성화에 이바지함에 있으며 또는 의(義), 불의(不義)를 구분 판단하여 성숙한 인간상을 향상시켜 나가도록 하는 것이다.

2) 양심의 종류

인간에 있어서 양심의 종류라고 하면 말같지 않은 표현 같기도 한다. 왜냐하면 사람의 양심을 본래는 누구에게나 공평하게 만들어주신 조물주의 선물이었다. 창세기 1장 27절에서는 하나님의 형상대로 사람을 창조하셨다라고 말씀했다. 여기 형상이라는 표현을 우리는 의(義), 선(善) 등으로 이해하지만 사람의 깊은 양심적 부분이라면 안될까? 누구에게나 공평하게 하나님의 형상대로 받은 선물인 양심을 정직하게 혹은 정직하지 못하게 간직 관리하므로 그 종류의 구분을 말하게 하는 것이다.

가) 선한 양심

양심이라고 해서 다 선한 것은 아니다. 물론 애초에 양심은 모두가 선했을 것이다. 에덴에서 양심을 속이고 불순종한 거짓말을 행한 후부터 선하지 못한 양심이 생겼으니 우리는 다시 애초에 흠없었던 선한 양심으로 돌아가야 한다. 예수 그리스도로 말미암아 변화를 받아 새사람을 입어 죄의 허물을 벗고 불의의 사슬을 끊고 조물주 앞에서 거짓이 없는 양심의 자리로 돌아올 때 선한 양심의 소유자가 될 것이다.

나) 악한 양심

불안하고 괴롭고 깜짝깜짝 놀라는 죄와 잘못으로 물든 악한 양심이 있는 것이다. 조물주의 형상을 잃어버렸고 진실한 영성을 무엇인가에 의하여 상실 당한 상태다. 이것이 오래가고 쌓여서 양심의 화인을 맞게 되면, 크게 거짓되고 엄청나게 범죄하여 어디로 보든지 인간의 인간다운 모습을 찾을 수 없는 사람이 되며, 아울러 가책을 느끼지 못하는 철면피한 사람이 되어 버린다. 한 걸음 더 나가서 양심이 악하게 되어 버린 사람은 불법이나 불의 악한 소행을 자랑스럽게 생각하기까지 한다. 참으로 사람을 조심하면서 살 줄 알아야 한다.

다) 엉거주춤 머뭇거리는 양심

필자는 이런 양심의 소유자를 박쥐인생이라고 감히 정의한다. 어떤 문제사건의 진상을 말할 때 가부의 결정을 내려야 할 때가 있다. 옳은 것인가, 틀린 것인가, 콩이냐, 팥이냐 등 검은 것이냐, 흰 것이냐를 논할 때 반드시 하나의 정답은 있을 것이다. 그럼에도 불구하고 검지도 희지도 않다라든지 옳은 것도 틀린 것도 아니라든지 이처럼 엉거주춤하는 경우의 양심이 있다. 이런 사람의 양심을 가리켜서 회색분자라고 하고 싶다.

신성한 양심을 소유했다면 옳고 그른 궁극적인 판단이야 어떻든 최소한 자기의 양심적인 진상결정은 있어야 할 것이 아니겠는가? 어떤 경우에 박쥐처럼 양다리 걸치고 자기에 이기적 편리를 위하여 이랬다 저랬다 하는 비양심적인 인격의 소유자인 것이다. 이런 양심의 소유자들 때문에 인간 서로간에 신뢰성이 무너지고 불신이 조장되고 사람의 마음과 생활들을 더욱 더 삭막하게 만드는 요소들이다.

3) 양심의 작용

인간에 있어서 양심의 작용은 어떤 사건의 일을 성사시키기도 하며, 낭패 당하게 하기도 한다. 위에서도 설명된 것이지만 세 종류의 양심을 생각해 볼 수 있다. 이중에서 살아 있는 양심, 생명 있는 선택을 어느 것으로 붙잡아야 할까? 살아있는 양심의 결단적 작용에 성공 실패가 결정되는 것이다. 양심은 그 만큼 사명의식과 책임 소임이 중대한 것이다. 이와 같은 양심에 작용결과에 따라 인간 자체를 성화 혹 속화 시킬 수도 있고 세상을 광음(光陰)의 양면으로 갈라놓을 수도 있는 것이며 천국과 지옥의 선택의 작용을 결정하는 것이 바로 양심의 작용 결과인 것이다.

4) 양심의 성장

양심의 생명도 다른 모든 생명처럼 성장, 발전하며 과실(果實)에 법칙에 순응한다. 이 발전과 과실은 선(善)을 지향하든지 악(惡)을 지향하든지 함으로 나름대로 방향을 따라 발전 성장해 나가는 것이다.

가) 악을 지향한 발전

이것은 양심을 퇴화시키는 방향인데 즉각적 직관적으로 작용한다. 이와같이 악한 의지가 발달하여 스스로 서게 되면 양심에 경고의 따르기가 어려워지고 결과적으로 우리의 양심은 심한 가책과 불안과 초조로 영혼을 병들게 하고 삶의 구석구석을 어둡게 한다. 불순종을 고집하고 선한 양심에 귀 기울임을 거절하는 사람으로 자기 인생을 못 쓰도록 퇴화시킨다.

나) 선을 지향하는 발전

자신의 뜻을 따라 거리낌 없이 성장하고 열매를 맺어 발전된 목적지에 도달하도록 한다. 공의롭고 선량하고 정직하여 결단된 강한 의지에 의해 환란과 시련을 극복하는 기쁨과 평안의 안식을 체험하게 되며 아울러 차후에 또 다른 당면 문제들을 위해서도 의욕에 찬 새 힘이 솟아나게 되는 것이다. 이런 양심의 성장성을 가진 사람들이 사는 세상일수록 지상에 천국을 건설 할 수 있게 될 것이다.

5) 양심을 지켜라

맹자는 말하기를 "사람이 닭이나 개를 잃으면 찾으려고 하되, 양심을 잃고는 찾으려 하지 않으니 슬프다"고 했으며 바울은 양심을 가르켜 "보화가 질그릇에 담겼다."고 말했다. 그 뿐만아니라 양심은 좁은 길과 같음으로 항상 다니지 않으면 잡초가 우거진다는 말도 있고 또한 양심은 보검과 같음으로 항상 쓰지 않으면 둔하게 된다는 말이 있다. 우리는 여기서 내 양심을 내가 지킨다고 하는 생각으로 다음을 생각해보자.

(1) 양심은 귀하다

(가) 하나님께로부터 받은 선물이다.(고후 4:7)

(나) 양심은 영혼의 눈이다.(잠 20:27, 눅 11:34)

(다) 율법의 스승(창 42:21, 롬 2:15, 요일 3:21)

(라) 나의 증인(롬 9:1, 고후 1:12)

이처럼 양심이 천금 만금보다 귀하다는 의미의 성경 말씀을 소개했다. 베드로전서 3장 21절에서는 양심을 가르켜 하나님을 찾아가는 것이라고 말씀했다. 그 의미는 양심의 경건과 거룩 내지 신령(神靈)한 부분이라는 뜻이다.

(2) 양심을 지킨 사람의 유익

성경 말씀 사무엘상서 24장 5절에 보면 다윗이라는 사람이 양심의 가책이 된다하여 자기를 해하려는 사람에게 원수를 갚는 행위를 자제 했었다. 그 결과로 그는 위대하게 되고 시대적 성군의 칭호를 받는 임금이 됐다. 양심을 지킴으로 유익한 사람은 그뿐만 아니다. 신약성경 사도행전 20장 16절에서 보면 바울이라는 사람은 항해 중 폭풍우를 만난 역경 중에서도 하나님의 절기(오순절)를 지키려고 했던 불타는 신앙 양심을 실천함으로 훗날 하나님의 사도가 되었고, 오늘까지 우리 곁에 있는 참 그리스도의 사람이었던 것을 보게 된다. 양심은 지키기는 어려워도 지킨 다음에는 반드시 정의로운 보상이 찾아오는 것이다.

(3) 양심을 저버린 자의 불행한 운명

가룟 유다라는 사람은 예수그리스도의 제자 중 한 사람이었다. 스승을 돈으로 흥정하여 악당들에 넘겨주는 비양심적인 행위의 결과로, 행복을 누리지 못했을 뿐만 아니고 목을 매어 자살을 기도하다가 줄이 끊어져 떨어지는 바람에 배가 터져 창자가 겉으로 흘러나와 죽는 결과를 가져 왔다. 양심을 저버리는 사람들에게 큰 교훈이 되는 것이다. 그뿐만 아니고, 사도행전 5장 1-11절에서 보면 아나니아와 삽비라 부부의 이야기가 나온다. 이들 부부는 양심을 저버린 옹색한 처신을 하다가 베드로의 책망을 듣고 급살을 맞아 즉석에서 시체가 되었던 일이 있었다. 귀한 양심을 헌신짝보다도 가벼히 생각하는 현 세태 인간들에게 경종이 되었으면 좋을 것이다.

(4) 양심을 지키는 법

자기 양심은 자기가 지키고자 하는 의자와 노력적인 행위가 있어야 할 것이다. 양심을 지키기 위해 정결케(딤전3:9)하라고 하셨고 주의 피로 씻으라고 했으며(히 9:14) 깨끗하게 하라고 말했다.(엡 5:26) 그것 뿐만 아니라 디모데전서 4장 2절에 보면 "자기 양심이 화인 맞아서 외식함으로 거짓말하는 자들이라"고 했다. 이 말씀은 인간에 있어서 자기의 양심을 상하게 하지 말라는 뜻이다. 조그만 한 생활의 편리나 이해관계 때문에 고귀한 양심에 아픈 상처를 남기지 말라는 뜻이다. 같은 성경 4장 16절에서는 양심의 소리를 듣고 주저 없이 순종하라고 했다. 국경선도 지켜져야 나라의 안전 보장을 이루듯이 인간으로써는 보이지 않는 자기 양심의 수성(守成) 선을 생명처럼 지켜져야 하는 것이다.

6) 양심의 불꽃

불꽃같은 양심은 땅위에 진주 같고, 하늘에 별 같은 것이며, 신앙의 문턱에 들어선 것이다. 양심의 발로를 통하여 우리는 빛을 본 것이요, 힘을 얻은 것이다. 훔친 고구마 두 개로 괴로워하다 못해 눈물을 흘리며, 조물주 아버지를 향해 고백하고, 주인을 찾아 값이라고 단돈 두 잎을 드리며 용서를 빈 사람이 있었다. 이런 불꽃같은 양심의 소유자가 썩고 캄캄한 흙탕물 같은 우리 마을과 사회에 있다. 그리고 이 땅 이 백성에게 있다. 그래서 앞날이 보이고 희망의 달빛을 본다. 이렇기에 세상은 살 것이고 역사는 거룩하게 되리라, 양심! 불꽃같은 양심을 가져라! 활화산 같은 양심의 불꽃! 네가 살고 내가 살고 우리가 사는 길이다. 인간들아! 귀가 있으면 듣고 눈이 있으면 보라. 그리고 코가 있으면 양심의 냄새를 맡고 피부로 느끼고 입으로 외치고 말하라. 불꽃같은 양심의 함성으로. __**기독교 문장 백과 사전에서**

3. 영혼의 구조

인간에 있어서 영혼이라 함은 보여지지 않으면서도 그의 존재를 부인하는 사람은 별로 없을 것이다. 신령한 영적 부분이기 때문에 쉽게 말 할 수 있는 성질의 것은 아니지만 태고적부터 일반 사회적으로도 영혼에 얽힌 전설 같은 얘기는 많고 종교적 경전 같은 곳에서도 영혼의 세계 사후에 삶에 대해서 강력하게 말하며 그중에도 기독교적 입장에서 보면 영혼 혹 영혼의 나라에 대한 교리와 주장이 너무나도 확실하게 나타난바 그것은 모두가 기독교의 경전인 성경의 교훈인 것이다. 한치 앞도 못 보는 인간이 자기 육체에 대해서도 다 모르면서 영혼의 성분이 어떻다고 말하는 그 그자체가 오만불손한 태도일지도 모른다. 그럼에도 불구하고 인간은 어차피 영혼에 관한 진리를 외면하고 살 수 없도록 운명지어진 일이기에 무식한 필을 들었다.

가. 어원

영혼이란 말은 구약성경에 155번이 나타나고 신약성경에 30번을 기록하고 있다. 구약성경단어로는 네페쉬(שנו)라는 말로 '호흡' 혹 '입김을 불어넣다'의 뜻이 었는데 애당초 조물주가 인간을 창조 하실 때 인간에게 생명 기운을 불어 넣었다고 할 때 영혼이라는 말이 처음으로 나타난다. 신약에 있어서 영혼을 가리키는 단어는 푸쉬케(ψυχή)라는 말로 '목숨', '생명' 등으로 번역되는 단어들이다. 이 말들은 정신이라는 말을 설명 할 때 신, 구약 모두에서 같은 의미로도 나타난 바가 있었다. 정신, 마음, 영혼등 이런 말의 뜻들은 본래 신비성이 충만한 표현으로써 우리 인간들의 두뇌로는 그 오묘한 의미를 다 안다고 하기 경망하리 만큼 신(神)의 섭리가 있음을 알게 된다.

나. 영혼의 기원

동서양에 있어서 다같이 인간이 육체와 영혼으로 구성된 복합체임을 당연한 것으로 여기고 있다. 그러면서도 영혼에 기원에 대해 깊이 생각하려고 하는 사람은 많지 않은 것 같다. 혹시는 종교관에 따라 개인 사색이나 특정 논리에 따라 영혼의 세계를 말하는 이가 있으나 공감 할 만한 신빙성이 분명치 않은 것도 사실이다. 다만 성경 창세기 1장 2장에서 보면 만물 창조론 중에 있어 인간에 대한 창조기사를 보여주고 있다. 흙으로 육체를 만드신 조물주께서 그 코에 생기를 불어 넣으심으로 생령이 됐다고 하는 말씀이 있다. 이렇게 인식하면서도 우리는 인간의 영혼이 어디서 왔는가? 라고 물으면 쉬운 대답을 하기가 어려운 사람들이 많다.

1) **창조설**(creatosen)

창조설에 의하면 개인의 영혼은 그것이 육체 속에 주입되는 순간에 인간이 인간다워진다는 것이다. 힐라리와 암부로시우스와 제롬(jerom)과 같은 서방 신학자들도 이런 이론을 지지하고 있었고 영혼은 영적이고 불사적(不死的)이고 전신에 두루 연장되어 있으나 육체의 특수한 부분에 특별히 존재하고 있다고 가르쳤다. 펠라기우스(pelagius)와 그 제자들이 이 창조설을 지지하였다.

2) **전이설**(traducianison)

터툴리안이 지지한 이 전이설은 각 영혼이 어떤 모양으로던지 부모의 영혼에서 출생된다는 것이다. 이는 희랍인들 가운데 닛사와 그레고리에게 전이설 경향이 있었다고 했다. 그는 오리겐주의자들에게 반대해서 논증하면서 영혼이 육체와 동시에 존재하게 되었고 육체와는 불가분리적이며 육체가 성장하더라도 인간적인 배자(seed)는 그것을 완전하게 하기위해 결코 밖으로부터 첨가물을 받지 않는다고 역설하였다.

다. 하나님을 갈망하는 영혼

모든 인간은 조물주 하나님을 갈급하게 찾게 되었고 또 그렇게 찾는 것이다. 유감스러운 것은 인간들이 이토록 본성적으로 하나님을 갈망하도록 찾고 있으면서도 그 자체를 분간 못하고 살게 된다. 그러다보니 자아의 인간상을 잃어버리게 되는 것이고 심지어 우리 자신의 영혼이 무엇을 원하는지조차 모르는 무분별한 사고와 행동으로 자신을 불행의 수렁으로 빠뜨리는 경우가 많은 것이다. 이것은 슬픈 일이며 후회의 상처를 자청하는 결과를 가져오게 된다.

그렇기 때문에 우리 인간들은 본래의 하나님을 갈망하는 자리로 돌아와 세상적인 욕구와 향락적부(享樂適富)를 과감하게 버리고 "나의 영혼을 만족하게 하실 분은 하나님 한 분 뿐이라고 외쳐야 한다. 목마른 사슴이 시냇물을 찾듯이 굶주린 사자가 먹이를 찾아 울부짖듯이 우리 영혼이 하나님을 향해 몸부림치는 인간성을 회복해야 한다.

1) 신앙의 모습으로 갈망

우리들의 육신은 육신의 소욕을 따라 향락적 만족을 채우려는 욕심이 불타고 있는 것이다. 이 대로를 제한 수단 없이 그냥 놔두면 브레이크 파열된 자동차처럼 다른 동물들과 똑같은 현상으로 금수의 모습을 그 삶의 자랑으로 여길 것이다. 그렇지만 인간은 창조시(時)부터 하나님의 형상을 점지 받아 완벽한 인간이 되어진 것이다. 따라서 신앙은 하나님의 형상을 회복하는 것이며 또 회복하려고 노력하는 것이다. 하나님을 갈망하는 영혼의 사람은 말씀을 가까이하고 그 말씀의 진정한 뜻을 깨닫고 그 깨달은 참 진리를 실천생활에 옮기고 더불어 사색, 묵상, 찬양, 경배, 순종, 헌신으로 신앙의 모습을 가꿔 가는 것이다.

2) 정직한 모습으로 갈망

하나님을 갈망하는 영혼을 소유한 인간은 기본적으로 정직한 모습으로 타고났다. 양심이라는 조물주가 주신 정직의 스승은 잠시 동안도 우리 인간을 떠나지 않는다. 그래서 거짓되면 미안하고 부정하면 창피하고 죄지으면 가슴이 두근거리는 이들은 바로 정직한 양심의 잠재적 채찍으로 역사(役事)하고 있기 때문이다. 이와 같은 정직성이 사람 속에 살아 있을 때에만 하나님을 갈망하게 된다.

3) 선한 모습으로 갈망

양심적으로 정직하면 그 자체가 선하고 아름다운 것이다. 우리들의 영혼이 하나님을 갈망한다면 어느 입장에서라도 선한 도리를 저버리지 않는다. 선(善)은 조물주 하나님이 선한 자기 형상 중에 일면을 주신 것이다. 그렇기 때문에 선한 양심에 화인을 맞아 분별력을 잃어버리게 되면 시기, 질투, 모함, 싸움, 배신 등 악으로서 채워지는 타락한 인간으로 전락하게 되는 것이다.

4) 책임감으로 갈망

책임은 사명 혹 사역이라는 말과 같은 의미로 생각하면 어떨까? 인간은 출생할 때부터 어떤 자기에 맞는 사명 즉 책임을 지고 태어난다. 이것은 조물주의 은덕이면서 축복이다. 인간의 영혼이 하나님을 갈망하는 원초적 품위를 지니고 있다면 책임의식에 밝은 사람이 된다. 아무리 힘들고 어렵고 환란 핍박이 있다고 치더라도 그런 주위 환경의 영행에 의해 책임을 소홀히 하지 않는 것이다. 엄마 찾아 삼만리 하는 말이 있듯이 하나님을 갈망하는 자는 사명감 찾아 구만리도 갈 수 있게 된다.

라. 죽은 후에 영혼은

인간에 있어 실제적으로 죽는다는 의미는 모두가 이해하지만 상징적 의미로 생각하면 여러 가지 뜻으로 생각되어지는 단어이다. 예를 들면 육체적 죽음, 사상적 죽음, 정식적이나 생활적인 죽음도 표현 할 수 있을 것이다. 그러나 여기서 말하는 죽은 후에 영혼문제는 육체가 죽은 후에 영혼의 세계를 뜻하는 것을 의미한다. 죽은 후에 영혼의 상태를 말한다는 것은 대단히 어려운 말이고 불확실하거나 추상적인 생각에 그칠 수 있는 말이다. 어떤 사람이 죽었다가 몇 년 후에 다시 살아나서 아! 내가 죽어보니 죽음의 세계가 어떻고 영혼의 상태는 이렇다라고 말해줬다는 일은 일류역사에 일찍이 없었다. 그런고로 이것은 발달된 문명 속에 어떤 과학적 증거가 말해주는 문제는 아니다. 오직 언제부터 인지는 모르지만 사람들의 인식적 사고 속에 영혼의 세계를 믿게 되었으며 아울러 각 종교적 교리에서 듣고 배우는 신비한 부분이다. 지금부터 약 200만년 전에 등장한 인류는 약 10만년 후부터는 죽은 시체를 평안한 자세로 땅속에 정성껏 묻어주기 시작했다고 한다. 이런 풍속 속에는 결국 죽은 사람이 또 다른 삶으로 이어진다는 생각에서 내생(來生)을 위한 준비행위였던 것으로 보여진다. 그러므로 오늘은 그 사고를 의심하는 자는 별로 많지 않다. 그럼 여기서 죽은 후에 영혼에 관해서 각 종교적 견해들을 소개해 본다.

1) 불교의 영혼관

다른 종교와 유사하게 불자(佛者)들 역시 내세에 영혼이 어떻게 되느냐 문제는 윤리적 행위에서 찾는다. 선한 행위를 한 자들은 천상에 태어나 즐거움을 누리고 악한 행위를 한 자들은 그 보응으로서 인간이하에 세계로 전락되어 고통을 겪고 천한 존재가 된다는 것이다. 다시 말해서 선악의 업인(業因)에 따르는 윤리적 과보(果報)라는 것이다. 초기불교의 업설(業說)에 따르면 여섯 세계 중에서 인간세계에서만 업을 지울 수 있다고 믿었다. 나머지 다섯 세계에서는 인간세계에서 지은 업을 소비하기만 한다. 왜냐하면 업이란 선악의 의지에 따라 실천하는 윤리적 행위인데 인간만이 선악을 선택 할 수 있는 의지를 갖기 때문이다. 천상세계의 존재들은 인간세계에서 지었던 선의 결과인 즐거움을 누리느라고 다른 업을 지울 의지와 생각을 않는다. 그와 더불어 인간아래의 네 세계에서는 의지를 갖지 못한다. 예컨대 동물들의 행위는 본능에 따라 행동할 뿐, 의지의 행동을 갖지 못함과 같은 이치인 것이다. 아울러 이들이 말하는 죽은 후에 영혼은 어느 곳에 머물러 있지 못하며 윤회를 계속한다는 것이다. 천해졌다 귀해졌다 그가 사는 업의 결과에 따라 끝없이 윤회하다가 불교에서 말하는 윤회의 싸이클인 육도를 떠나 또 다시 태어나지 않는 열반의 경지로 들어가는 것을 최고의 영광으로 생각하며 이것을 해탈이라고 한다. 육체를 가지고 세상에서 살던 삶도, 죽은 후의 영혼의 운명도 초조와 불안 속에 윤회의 회전을 계속한다는 것 등 이런 교리는 인간에게 죽은 후에 영혼의 세계를 밝게 해주지 못할 것이란 것을 짐작케한다.

2) 카톨릭 교회의 영혼관

로마교회라고도 칭하는 카톨릭 교회는 죽은 영혼들의 거처를 여러 곳으로 나누어 생각한다. 쉽게 보통 정통기독교가 말하는 지옥과 천국의 거처지 외에 또 다른 세 곳을 설명하고 있다. 첫째로는 영세 받지 못한 장년들과 영세받았다손 치더라도 영세의 은혜를 잃어버리고 죽음에 이르는 죄로 교회에 화목되지 못하다가 죽은 이들의 처소로 지옥을 말하고 둘째로 예수그리스도와의 완전한 결합의 상태에 득달한 신자들은 죽음과 더불어 즉각 천국안식처를 향해 간다고 하며, 셋째는 부분적인 신앙인으로 교회와의 교제는 있으되 불완전한 상태의 신앙의 미숙인들은 연옥으로 간다는 것과 넷째 예수그리스도 이전 구약성도들은 조선(祖先)림보라 하여 아브라함의 품에 거하는 자들이라고 구분을 하며 다섯째로는 세례받지 못한 영아들의 영혼들은 그들을 위해 특별히 준비된 영아(嬰兒)림보라는 곳으로 간다고 믿는다. 이와같은 사후 영혼의 거처관에 대하여 카톨릭적 교리로 구분하여 몇 가지 설명해 본다.

가) 연옥(煉獄)

완전한 순결을 득(得)하지 못하고 그리스도인이란 명칭만 가지고 대죄(大罪)는 없지만 소죄(小罪)를 남겨둔 채 지상에서 형벌을 받지 않은 채 죽는 사람은 천국에 들어가기 전에 반드시 정죄의 과정인 연옥에 들어가 천국으로 갈 수 있도록 기다려야 한다. 이곳에서의 고통은 하나님을 보는 지복상에서 제외된 사실로부터 오는 고민과 감각적 형벌 즉 영혼을 아프게 하는 적극적 고통을 당한다. 그 형벌의 고통기구는 불(火)이라는 것으로 금생에 어떤 고통보다 혹독한 것이라는 것이다. 여기 영혼들의 정화기간은 결정된 유효기간이 정해진 것은 없으며, 그것을 수난의 강도와 개인적 경우들의 수요(需要)에 의해 경감 단축 될 수도 있다고 하며 어떤 영혼은 심판 날까지 연옥에 잔류하여 기약없는 세월을 기다려야 한다.

나) 조선(祖先)림보(the limbus patnum)

조선림보라함은 구약성도들이 그리스도의 부활까지 대망상태로 유치되어 있었던 곳이었는데 이곳은 복(福)됨이 없이 또는 어떤 수난도 없는 상태로 유치되었다가 예수께서 십자가에 죽으신 후 이곳 조선(祖先)들의 거처로 내려가시어 복음을 전파하시므로 임시적 구금상태에 있던 영혼들을 해방하셔서 천국으로 인도해 올라가셨다. 이곳을 가르켜 의로운 자들의 영혼들이 거주하는 조선림보라하며 유대인에게는 아브라함의 품(눅 16:23) 낙원(눅 23:43)으로 알려진 곳이며, 그리스도가 계시는 천국은 실제로 세상 죄가 대속되기 전에는 아무에게도 개방됨이 허락되지 아니했다고 한다.(벧전 3:18~20)

다) 유아림보(limbus infantum)

어떤 사람의 자손된 아이일지라도 막론하고 모든 영세 받지 못한 아해(兒孩)들의 영혼은 유아림보라는 곳에 거주하게 된다고 한다. 이곳에 머물고 있는 아해들의 영혼에 안식에 대해서는 신학자들 중에도 의견의 일치를 보기가 난한 문제인 것이다. 아무것도 자의식에 판단이 불능한 천진난만한 아해(兒孩)들의 영혼이 신앙하여 세례 받을 기회도 없이 죽어서 지옥으로 간다는 것은 너무나도 가혹하고 억울한 형벌이지 않느냐라는 것이다. 그래서 혹자는 부모의 신앙에 의해 구원을 얻을 듯하다고도 하고 또 다른 혹자는 하나님께서 천사들을 보내시어 세례를 베풀게 하실지도 모른다는 듯이 추상하기도 하였다. 또 다른 다수의 의견을 종합하면 이들의 영혼이 비록 천국에 안식에서는 제외되지만 지옥의 외변 무서운 불길이 미치지 못하는 어떤 곳에 유치된다는 것으로 말하는 이들도 많이 있었다. 로마 교회는 유아림보에 성질에 대하여 정의를 내리지 않는 고로 의견이 구구하기도 하지만 대체적으로 유아들의 영혼상태는 적극적 형벌 감각적 고통을 받지 않고 단순히 천국의 행복에서만 제외 될 뿐이라는 것이다. 다만 이들은 자연적 재능을 사용함으로 하나님을 알고 사랑하여 충분한 자연적 희락을 나름대로 누리고 살아간다고 하였다. 주교 꾸셀(cardinal Gousset)은 이 문제에 대해서 말할 때 영아들의 영혼이 즉각 지옥에 간다고 하더라도 지옥에 여러 부분이 있을 수 있다는 사실을 기억해야 한다고 말하며 아울러 그리스도가 오시기 전에 회개하지 못하고 죽은 자들도 있었다고 변명하며 또한 메시아 강림을 기다리다 죽은 자들의 영혼을 위한 다른 부분도 있음을 강조하기도 했다. 아울러 영아들의 영혼이 머무는 처소는 당연할 것이 아니겠느냐고 동의를 구하는 의견도 피력한다.

3) 이슬람교의 영혼관

크게 알려지지 않은 종교지만 이들도 나름대로 교리를 가지고 있으며 내세관에 대해서도 빈약하나마 제법 정의하고 있다. 그들은 그의 내생에 대해서 말하기를 신앙이 없는 자들에게는 불로 옷을 만들어 입히고 머리에서 펄펄 끓는 물을 쏟아 붓는다. 그러면 그들의 내장이나 피부도 전부 흐물흐물 녹아 버린다. 그러나 신앙을 갖고 의로운 행위에 힘쓰는 사람들은 알라(이슬람교의 교주)가 낙원에 보내 주신다. 그곳은 냇물이 졸졸 흐르고 황금 팔찌와 진주로 몸을 장식하고 옷은 모두 비단으로 만들어 입는다(코란에서)라고 말한다.

4) 힌두교의 영혼관

이 세상에서 착한 일을 하는 자는 좋은 모태, 즉 브라만, 크샤트리아, 바이샤의 모태[1]에서 태어날 것이다. 이와 반대로 이 세상에서 나쁜 짓을 하는 자는 나쁜 모태 즉, 돼지 수드라의 모태에서 태어나게 된다라고 그들은 주장한다.

5) 유교의 영혼관

어느 날 자로가 공자에게 질문을 했습니다. "죽은 후에 세상은 어떤 것입니까?" 라고 했을 때 공자는 제자의 질문에 답하기를 "내일 일도 잘 모르는데 죽은 후에 일을 어찌 알겠느냐?" 라고 대답했다고 하며, 두 번째 자로는 질문하기를 "귀신 섬기는 법을 말씀해 주시오." 할 때, 공자의 대답은 "산 사람도 잘못 섬기면서 어찌 귀신 섬기는 말을 하겠느냐?"라고 한 말을 논어에서 찾아 볼 수가 있다.

6) 기독교의 영혼관

기독교의 성경(기독교의 경전) 신구약 66권의 내용을 신앙의 근본으로 믿고 창조주 하나님의 계시의 말씀으로 믿기에 주저하지 않는다. 성경에 나타난 사후세계와 영혼의 거처에 대한 설명에는 타 종교가 추종을 불허하리만큼 구체적이며 실제적으로 자신있게 확신을 가지고 설명하고 있다. 성경에서 말하는 내세관이나 영혼의 상태에 대한 증거적 기록은 타종교와 비교하여 차원을 초월한다. 진정으로 인생에게 영혼의 행복을 확증하는 희망적 삶을 바라보게 하며, 신앙 양심의 눈이 밝아질 것을 권하고 있다. 그런 차원에서 육체로부터 분리된 영혼은 의식적 존재와 동작하며 동작 받는 능력을 계속하여 희로애락을 느끼며 영원한 존재적 활동을 계속한다는 것을 확신하며 아래와 같은 몇 가지를

---

1) 바이샤의 모태:고대 인도의 세습적 신분제도 중에 카스트(皿女生)가 있었는데 2사성(皿女生) 중에 하나였다. 네 종류에 카스트 중에서 브라만(brahman), 크샤트리아(kshatriya)에 다음 가는 제3의 계급으로서 서민 즉, 생산유통에 종사하는 사람들이었다. 따라서 바이샤의 모태라 함은 보통 유통서민 이상의 신분을 소유한 수준의 사람을 뜻한다고 한다.

성경 진리적 근본에서 기독교의 내생관을 소개하기로 한다. 먼저 전재하는 것은 사후에 대해서나 죽은 자의 영혼의 근황에 대한 예기는 과학적이나 지식적 추구의 방법으로는 해결할 수 없는 아주 신비한 영역이기 때문에 경솔한 추측이나 감상적 짐작으로 속단하기 불능한 것임을 말해둔다.

가) 영혼이 가는 곳

동거 공생하던 영혼과 육체가 눈물로 헤어진 후 육체가 제 갈 길로 갔듯이 영혼 또한 정해진 곳을 향해 가는 것이니 어떤 사람의 영혼은 천국을 향해 의기양양하게 가고, 어떤 사람의 영혼은 어두운 지옥을 향해 눈물을 쏟으면서 갈지(之)자 걸음으로 가는 것이다. 천국은 죽음과 동사에 직행하여 처음부터 복스러운 안식을 누리며 예수 그리스도와 더불어 하나님을 찬양하며 영광스러운 삶이 영원토록 연속되는 곳이다. 이 문제에 대하여 바울사도는 몸을 떠나 주와 함께 거하는 것을 소원한다고 했고(고후 5:8) 예수그리스도께서는 강도에게 낙원에 있으리라고 하셨다. 고린도후서 5장 1절 – 2절에서는 땅에 있는 장막집이 무너지면 가는 곳이라고도 했다. 신약성경 요한계시록 21장 1절부터 8절까지 보면 천국 모양을 가르켜 하나님의 장막에 사람의 영혼이 함께 거하는 곳이라고 했으며 그곳이 새 하늘과 새 땅이라고 했으며 그곳은 눈물을 씻어주시며 사망이 없고 애통하는 것이나 곡하는 것이나 아픈 것이 다시 있지 아니하는 곳이라고 표현하고 있으며 같은 성경 27절까지에는 각종 보석으로 꾸며 천국도시의 거룩한 모양을 보여주고 뿐만 아니라 그곳은 해나 달의 비췸이 쓸 데 없을 정도로 하나님의 영광의 빛이 영원토록 빛나며, 존귀와 영광을 쉬임없이 누리는 곳이라고 말씀하고 있다. 조금 넘어가 22장 1절 이하를 보면 수정같이 맑은 생명수 같이 흐르고 좌우에는 열두 달마다 먹을 수 있는 생명과(生命果)가 열려 영원한 안식처 행복을 누리게 된다고 했다. 반대로 지옥으로 직행하는 사람들의 영혼들은 그곳에서 하염없이 고통을 담당해야 하는 것이다. 그곳은 신약성경에 보면 어떤 부자가 지옥에 가서 고통을 당하는데 서있는 발밑에서 불꽃이 심하게 올라와 죽을 정도로 뜨거운데 그렇다고 죽지도 못하고 몸부림치는 형상을 말하고 있고, 신약성경 마가복음 9장에 보면 어떤 지체의 잘못으로 죄가 된 사람들의 영혼은 지옥으로 던져져서 고통을 당하는데 그곳의 고통은 구더기가 득실거리고 불도 꺼지지 않을 뿐만 아니라 불로 소금 치듯 뿌려져서 견딜 수 없는 참혹한 고통을 담당해야 된다고 말씀하고 있다.

나) 부활

부활이라는 말은 다시 살아난다는 뜻으로 이해되는 표현인데 이 말은 기독교의 경전인 신약성경 복음서에 보면 예수 그리스도가 죽었다가 3일 만에 부활해서 40일간 지상에 머물다가 승천했다는 기사에서 시작된 말이다. 고린도전서 15장에 보면 신자들의 희망적인 내세를 설명하면서 썩지 아니할 몸으로 다시 산다고 강력하게 주장한다. 이때의 부활은 다시는 썩지 아니할 실체로 순식간에 변화받아 사망을 이기는 최후적 승리의 확신을 보여주며 이런 부활이 없다면 차라리 불신자들만도 못하다고 역설하면서 수고하는 신앙의 대가는 부활이 확실하기 때문이라고 설명한다. 그 뿐만 아니라 신약성경 데살로니가전서 4장 13절부터 18절을 보면 죽은 자들이 무론 남여하고 부활되어 재림하여 오시는 그리스도를 맞아 그리스도와 함께 구름 속으로 올라가 공중에서 예수 그리스도를 영접함으로 공중혼인잔치에 참여하게 된다는 것이다. 이와 같이 사람이 죽은 후에 영혼의 상태에 대해서는 성경을 떠난 어떤 곳에서도 이곳만큼 확신을 주는 곳을 아직까지 찾지 못했음에도 이 글을 쓰게 하는 작은 이유이기도 하다.

다) 그리스도의 재림

예수그리스도의 재림이란 위에 부활을 설명 할 때 다소 언급이 되었지만 그 설명만으로는 조금 아쉬운 것 같아서 설명을 첨부한다. 만인의 부활은 예수 그리스도의 재림과 동시에 일어나는 일이기에 각기 설명이 쉬운 것은 아니겠지만 성경에 기록을 보면 재림에 대해서도 소홀히 생각 할 수 없는 중요한 요소인 것이다. 예수 그리스도가 내세 장차 죽은 후를 말할 때 "내가 갔다가 다시 와서 너희를 나 있는 곳으로 함께 데려가겠다."라고 말씀하고 있다.(요 14:1-3) 뿐만 아니라 예수 그리스도 재림에 대해서는 복음서를 비롯한 사도행전(1:11) 등 많은 성경 구절들이 예수 재림을 증언하였다. 여기서 우리는 재림의 시기를 말할 때 빠트릴 수 없이 대두되는 것이 '천년기'라는 기간이다. 요한계시록 20장 1절로 6절을 보면 그의(그리스도) 지상통치 천년 동안을 말한다. 이 천년 동안이 끝나면 예수그리스도 재림이 있을 것이라고도 하며 이것을 전천년(前千年)설 재림이라고 하고, 예수 재림하신 다음에 천년의 기간을 둔다는 것을 후천년(後千年)설 재림이라고 한다. 뿐만 아니라 재림의 전초적 징조들을 보고 재림의 시기를 분별하는 것은 세계적으로 복음이 광범위하게 전파됨과 동시에 유대교에 젖어있던 이스라엘 민족의 개심과 선과 악이 혼동체가 되어 무엇이 옳고 그른 것을 분간키 어려운 대혼란과 배교, 배신 풍조가 팽배하게 된다는 것이다. 이틈을 놓치지 않고 거짓된 적그리스도는 유혹의 검은 손길로 세상을 더욱 어둡게 하는 일이 처처에서 일어나는 사건으로 대외적인 재림 직전에 사변들이며 재림에 대한 구체적인 날짜와 시간은 알려진 바가 없다.[2)]

---

2) 예수그리스도의 재림

(1) 재림의 중요성

영계와 구원을 위해서 사망중에 있는 이들의 영혼과 살아있는 이들의 영혼과 살아있는 이들의 영원한 삶을 위해서 반드시 예수 그리스도의 재림은 중요하며 필요한 일 뿐 만 아니라 성경은 하나님의 말씀이기 때문에 여타의 어떤 경전보다 탁월한 지위에 있음과 그 성경을 이해 할 수 있는 신비한 이해력을 도와주며 지상에 교회(선인)들에게 밝은 소망을 가질 수 있도록 하기 때문에 그 중요성에 있어 이론의 여지를 허락지 않는다.

(2) 재림의 시기

재림 직전에 전개되는 사건들은 전천년 후천년 무천년이냐 하는 변론의 여지를 주는 사건이며 이 천년을 기준으로 한 시기에 대환란(大患亂)이 있어 인류를 고통스럽게 괴롭히는 사건들이 흉행하지만 그날과 그 시간은 추측이며 짐작일 뿐 성경적 언급이 없다.

라) 심판대

심판대란 말은 원래가 법정 용어이다. 잘하고 잘못한 것에 대한 판단을 목적하는 것이기 때문이다. 태초에 창조사역이 삼위일체의 공역이었듯이 인생들의 구원과 멸망에 대한 심판도 성삼위일체의 공역을 근본으로 하면서 그 심판권을 그리스도에게 맡겨 심판주가 되게 하신 것이다. 산자들과 죽은 자들이 무론 남녀하고 재림 주 앞에 반열로 서서 심판을 기다리게 된다는 것이다.(살전 4:) 본래 심판의 대상은 창조 세계를 이루고 있는 피조물들에 대해서 임할 것이다. 그 중에서도 악한 천사(마귀)들과 죄인들에 대한 급선 이행이 있을 것이다. 또한 인생들을 심판 할 때 대상적 부분은 양심에 대한 심판 삶(생활)에 대한 심판, 사고방식이나 사상에 대한 심판은 엄격할 것이며 영혼 활동에 대한 부분으로 하나님의 형상을 훼손했느냐의 따른 심판이 소홀히 다뤄짐이 없을 것이다. 최후에 대(大)백색보좌 앞에는 죽은 자들이나 혹 변화 받은 자들이나 산 자들이 생명책에 기록된 내용대로 잘 잘못이 판단되어 영원한 영생의 세계나 혹 또는 불 끓는 지옥의 함정으로 나뉘어 가게 되는 것이다. 힘든 세상이라고 하면서 거짓과 핑계로 경솔하게 하나님 없이 살아가는 사람들이나 지도자라고 하면서 교권을 휘둘러 순진한 사람들을 속이고 상처와 아픔

---

(3) 재림의 양식

"재림의 모습은 하늘로 가심을 본 그대로 오시리라"라고 하셨으며 사도행전 1장 11절 3장 20절 마태 24장 44절 고린도전서 15:23절 빌립보서 3장 20절 골로새서 3장 4절 디도서 2장 13정 등등 구절에 구체적으로 자상하게 설명하고 있다. 이 책을 읽는 비기독교인 등은 기독교에 있어서 이와 같은 재림교리를 주시하시면서 더 큰 유익이었으리라 생각된다.

(4) 재림의 목적

인류 혹 영혼들에게 영원한 세계를 소개하시기 위한 명분과 목적이 있으니 이를 통해서 선과 악을 구별하는 최종 최후 최대적 심판을 이루기 위한 신비하고 자랑스러운 목적이 있다.

(5) 재림의 대망

환란과 핍박을 감수하면서 경건한 신앙을 꾸준하게 지키면서 사는 성도들은 어서 재림 주가 오시기를 대망하는 것이다. 성경 66권을 마무리짓는 요한계시록 22장 마지막 절에는 '아멘 주 예수여! 어서옵소서' 라고 했으며 같은 성경 21장에서는 신부가 신랑을 위하여 단장하는 것 같은 새 하늘과 새 땅에 대한 기대감을 부풀게 하고 데살로니가 전서 4장에서는 천군 천사를 대동하고 구름 타고 나팔 불며 오시는 예수 그리스도와 공중에 혼인에 참예한다고 하는 감격과 영광에 최대 최후적 기대를 갖게 하는 것이다.

을 준 자들은 엄격한 심판의 대상이 될 것이다.

마. 죽음의 실체

죽음의 실체란 육체 속에서 육신을 지배 관리하던 영혼이 자기의 거처로 삼고 살던 육체를 떠나 육체 바깥 어디론가 가버리는 것이다. 영혼이 떠난 육체는 너무나도 삭막하고 불쌍하도록 쓸모없는 존재가 된다. 동작을 정지당한 채 사지가 굳어지고 신체의 색깔이 변질되며 악취를 풍기며 썩어가는 모습은 호흡이 중단된 죽은 자의 실체인 것이다. 꽃피는 봄날 같고 사냥하는 사자 같던 인생도 말 한마디 못하고 노랑 털 하나 움직이지 못한 채 뗏장 안고 누워 한 줌의 푸석 푸석한 흙부스러기가 되는 것이 죽음의 실체가 아닌가?

바. 영원한 세계

일평생을 살다가 죽으면 이제는 마지막 이별이라고 가족 친지 지인들은 이구동성으로 슬퍼하면서 울기도 한다. 이것은 영원한 세계에 대한 무식에 소치라고 할 수가 있고 안다고 하더라도 막연하고 아득한 추상적 개념으로만 알고 있기 때문이다. 이 책을 읽는 독자 여러분들은 당신에 앞날에도 좌우간 선택의 여지가 허락되지 않은 영원한 세계가 있음을 의심하지 말기를 바란다. 인생에게는 타 동물들과 달리 하나님의 형상을 모형으로 해서 창조된 존재의 실상이 있는 것이다. 이런 인생은 전생과 현생과 내생이 확실한 것이며, 전생이라 함은 어느 종파에서 말하는 것과 같은 윤회적인 직전에 생이 아니고 창조주의 거룩한 섭리적 관리하에 있었던 영혼을 뜻한다. 현생이라 함은 만물의 영장으로 태어나 의, 식, 주를 기본 필요로 하면서 기거 활동하는 삶을 뜻한다. 이런 현생의 삶에 가치여하여 따라 내생은 주어진다고 믿는 것이다.

1) 악한 사람이 가는 세계

각 종교적 교리는 악인의 계속적 존재를 가르칠 뿐이다. 그들의 영구한 처소로서 지옥을 말하고 있다. 지옥 불, 영원한 불, 풀무 불, 불 못 어두운 구덩이 등 무저갱[3](無底坑)(눅8:31)이란 명사들이 많다. 지옥에서의 적극적 고초는 무서운 신체적 고통의 형벌인 것이다. 이들이 머무는 곳은 창세기로부터 마귀와 그의 사자들을 위해 준비된 곳이라고 한다. 그곳은 흑암의 세계요, 무는 벌레, 유황, 연기, 구더기, 짐승, 귀신 등의 괴롭히는 소름끼침이 세세토록 계속되는 곳으로 알려져 있다. 이런 얘기가 있다. 부귀영화를 누리는 부자와 구걸하며 연명하던 거지가 있었다. 가난한 거지가 초라하게 죽었다. 얼마 후 장엄한 장례식과 더불어 부자도 죽었다. 죽은 후에 부자는 못 견딜 만큼 괴로웠다. 자기가 서 있는 발밑에서 붉은 불 푸른 불꽃이 엄청나게 치솟아 오른다. 뜨거워 죽을 지경인데 죽을 수도 없는 처지이고 입술이 마르고 목이 타 올라 몸부림을 치다가 눈을 떠보니 자기 집 문간에서 구걸하던 거지가 천국에 앉아 있었다. 부자는 기가 막혔으나 이제 와서 돌이킬 수 없었다. 지금도 불타는 지옥에서 괴로움의 극치에 몸부림치고 있을 것이란 뜻이다.

2) 선한 사람이 가는 영원한 세계

새 하늘과 새 땅(벧후 3:12-13) 신천신지(新天新地)(계21:1-)을 소개한다. 이곳을 가르쳐 영원한 천국이라고 한다. 하나님의 나라 예수 그리스도와 천군이 있고 천사가 살고 의인(義人)들의 영혼이 복락을 누리며 사는 곳이라는 것이다. 옛날 유대인들의 천계관은 첫째, 새가

---

3) 무저갱無底坑(abussos) : 멸망의 장소. 사자(死者)의 주거(住居)장소로서의 음부를 가리키는 말 또는 악령. 악마의 주거를 가리키는 곳으로 쓰여졌다.(눅 3:31, 계 9:1,2,11) 그리스 원어로 아뷔소스(ἀβυσσος)라는 말인데 이 말은 원래 형용사로써 '한없는', '밑창 없는' '심연(深淵)깊음', '지하세계(地下世界)', '못', '땅의 깊은 곳(시 71:20)', '음부(롬 10:7)' 등의 뜻으로 사용되었고 명사로도 쓰여져 무저갱(無底坑)이 되었다. 그 외 타락 천사, 마귀, 짐승, 거짓 예언자 등이 심판을 받기 위한 준비 장소, 혹 사탄이 천년동안 매여 있는 장소로 생각하는 이도 있으나 그보다도 하나님께 반역하는 무리가 거주하는 곳으로 해석하는 것이 적당할 것이다.

날고 바람이 일며 비가 맺히는 대기천(大氣千=雲千)과 둘째, 천사와 성도와 그리스도를 위하여 건설된 거룩한 집 셋째, 새, 하늘 혹 3층천 혹은 최고천(영천=靈泉)으로 구분했던바 천당은 이중 3층천인 최고천 이었으니 지구로부터 극히 먼 거리였다고 생각했었다.

하나님을 주인으로 모시는 천국은 햇빛과 달빛이 필요 없도록 영광의 빛이 충만하며 아픔이나 눈물이나 고통이 없고 기쁨과 즐거움과 행복으로 가득한 곳이며 기화요초의 향기가 그윽하고 유리바다 같은 땅을 밟으며 늙지 않는 생명수와 생명과(果)가 풍성한 곳이다. 시기와 다툼 대신 노래와 사랑으로 평화가 있으며 거룩하고 의로운 성도들이 조물주께 드리는 영광으로 가득찬 곳이다.

제 4 장

원초적 본능

인간에게 있어서는 원초적 본능이라 함은 다른 동물에서 볼 수 있는 것과 같은 본능적 욕구를 부인할 수가 없다. 물론 만물의 영장이란 닉네임을 가진 인간이기 때문에 다른 동물과 모두가 일치하는 본능이라고는 할 수 없겠으나 육체를 위한 생존의 활동에서는 대동소이한 사실은 어찌 할 수 있겠는가?

1. 먹는 것(eat)

인간에게 있어서 먹고 싶은 요구를 가리켜서 식욕이라고들 하는데 이 말은 필요이상의 욕심이라는 뜻이기 전에 먹어야만 한다는 필수적 욕구의식이라고 자연스럽게 생각해야 할 문제인 것이다. 왜냐하면 먹는다는 것은 생명을 유지하는 것과 직접적 밀접한 관계이기 때문이다. 밀접한 관계보다 더 필요불가결한 생존의 문제이기 때문이다. 먹는 것을 통해서 즐거운 행복을 만끽하는 요소도 있겠고, 먹는 것을 통해서 에너지의 충족으로 삶을 활기차게 하는 기력 상승의 근본적 욕구도 채워질 것이다. 사람들의 생존 차원에서 먹고자하는 경쟁욕구는 가히 치열하리만큼 사력을 다하는 부분이다. 그렇기 때문에 예부터 "수염이 석자라도 먹어야 양반이다"라는 말과 "금강산도 식후경", "사흘 굶은 사람이 도적질 안 할 수 없다."라는 속담 등은 인간에게 먹는 것 자체가 얼마나 큰 부분인가를 뜻하는 표현들이다.

이로 미루어 보아 인간에게 있어서 먹고 싶어 하는 희망(식욕)사항은 원초적인 본능이라는 것이다. 먹는다는 얘기를 하다 보니 생각나는 것이 있다. 선조임금은 밥그릇이 깨끗하게 먹지 못하는 막내사위에게 말씀하시기를 쌀 한 톨 속에는 농부의 땀과 눈물 그리고 정성이 다 들어 있으니 먹는다는 것이 귀하고 고마운 것인 줄로 알도록 하라고 타일렀다고 한다. 뿐만아니라 독일의 철학자 칸트(kant)는 누구든지 큰일을 하고자 하는 사람은 과식을 해서는 안된다고 했다고 한다. 그리고 브리야사바랭이라는 사람은 그가 쓴 미각의 생리학이라는 책에서 "식탁이야 말로 태초부터 절대로 지루해지지 않는 유일한 행복이다."라고 말했다. 예수그리스도는 마태복음 14장 등에서 굶주린 군중을 먹이기 위해서 이적을 행하시기도 했다. 이상과 같은 등의 얘기들은 인간은 먹을 수밖에 없고 또 먹어야만 하는 존재라는 뜻이 있으며 먹는다는 것 그 자체가 원초본능의 우선한다는 의미를 볼 수 있다.

2. 사랑하는 것(sex)

인간에게 있어서 사랑이 무엇이냐고 한다면 언뜻 한마디로 대답하기가 곤란한 점이 있을 것이다. 왜냐하면 개념상으로 여러 가지 의미를 상징하기 때문이다.

가. 에피투미아(epithumia)

이 말은 생명충동(生命衝動)이라는 뜻인데 라틴어로는 리비도(libido)라는 말로 프로이트가 사용한 말이다.

나. 필리아(philia)라는 말로 우정과 같은 형태의 사랑 즉, 인격과 인격과의 만남이 사랑이다.

다. 에로스(eros)는 쉽게 말해서 진선미(眞善美)를 추구하는 창조적, 문화적 사랑이다. 남녀간에 이성적 애정의 표현을 뜻하기도 한다.

라. 아가페적 사랑이 있는데 이것은 성경에서 말하는 사랑의 개념으로 절대적 사랑이며 상대방 태도에 상관없이 그냥 사랑하는 것이다. 이 사랑은 신(神)이 사람을 사랑하는 사랑으로 조건이 없으며 절대적 희생적이며 하강적인 숭고하고 거룩한 사랑인 것이다. 사랑이라는 우리말의 뜻과 섹스라는 영문단어와의 뜻은 같은 의미로 써 지는가? 더 연구해 봐야 되겠다. 다만 인간의 원초적 본능을 설명하는데 있어서는 성적욕구라는 뜻에서 섹스라는 단어를 도입해서 사용할 따름이다. 남자와 여자를 창조해 놓으신 조물주의 섭리에 의해서 이해하려고 한다. 인간 뿐만아니라 동식물을 망라하여 이 섹스적인 사랑은 창조물 전반에 걸쳐 필연적으로 주신 하나님의 선물인 것이다. 성적 욕구를 갈망하는 사랑은 아름다운 것이다. 그리고 신성하고 거룩한 부분으로 생각하며 신께 감사해야 할 부분이다. 이런 욕망의 정당한 시행은 생활을 건강하게 하며 신진대사를 활기차게 하는 것이며 따라서 삶을 흐뭇하게 행복하게 할 수 있는 요소이다. 뿐만 아니라 이 사랑운동을 통해서 종족을 번식하고 후손을 번창하게 하는 것이기도 하다. 그럼에도 불구하고 우리 보통 인식상 부끄럽고 창피하고 죄악시하는 이유는 첫째로 성에 대한 잘못된 인식도 있을 것이고, 개중에는 정당치 못한 성행위의 남용으로 불행을 자초하고 상대방에게 상처와 후회를 남기게 하기 때문일 것 같다.

3. 잠자는 것(sleep)

인간의 삶에 있어서 원초적 본능 중에는 수면욕(잠자고 싶어하는 것)이라는 욕구 또한 없을 수가 없고 없으면 안되는 요항이다. 밤, 낮을 만들어 주신 것도, 밤에는 잠자고 낮에는 활동하도록 하셔서 그러므로 삶의 균형을 맞추며 건강하게 살도록 한 섭리였을 것이다. 죄인의 형벌 중에 잠을 못 자게 하는 형벌이 있다고 한다. 그래서 진실을 토설치 않을 때 잠을 못 자게 하면서 진실을 말하도록 심문한다고도 한다. 인간은 누구나가 자기에게 필요한 양만큼에 수면을 취해야 한다. 그런데 이것을 억지로 타에 의해서 금지된다면 못 견딜 문제인고로 펄펄뛰다가 미치기까지 한다고 한다. 어릴 때 잘 자면 잘 큰다고 하는 말에 일리가 있는 것은 깊이 잘 때 성장 호르몬이 많이 분비됨으로 아이들의 발육에 도움이 된다는 사실이기 때문일 것이다. 더군다나 인간에 있어 수면을 취하지 않으면 안되는 이유는 에너지 보전을 위해서라고 한다. 다시 말하면 낮동안에 활동하면서 소모해 버린 에너지를 자는 동안 체온을 낮춰 축척 보충한다는 것이고 둘째로는 수면을 통하여 중추신경 발달에 도움을 준다고 하며 셋째로 잠을 자는 동안에 뇌에서는 새로 얻은 정보를 정리하며 필요한 것은 장기간 기억장소로 옮기고 쓸데없는 것은 제거함으로써 기억학습에 중요한 역할을 한다. 넷째로는 잠을 자는 동안 신경계에 독소를 제거하고 단백질을 합성한다고 한다는 등등의 제설이 구구하나 확실한 것은 깨어 있을 때에 있었던 활동에 대한 뒤처리를 정리하고 내일의 삶을 위해 준비하는 중요한 과정인 것은 틀림이 없다는 것이다. 이렇듯 중요한 본능적 역할은 비단 인간만이 가진 것은 아니며 돼지나 쥐같은 동물은 하루에 12시간의 잠을 자며 개와 고양이도 하루에 13시간을 잔다고 하며, 두발가락나무늘보는 20시간을 자며 코끼리는 3시간, 인간은 8시간을 잔다고 한다. 이토록 중요한 수면욕이지만 현재 지구상에 인류는 약 30%가 불면증으로 고생 중에 있다고 하며 앞으로 그 통계가 더 늘어날 것이라는 것이다.

4. 갖고 싶어 하는 것(wonldy desines)

옛 말에 쌀 한 되 욕심은 누구에게나 있다고 했다. 맘에 드는 물건을 보면 갖고 싶어하는 마음이 드는 것은 인지상정인 것 같다. 선악과를 보고서 보임직도 하고 먹음직도 하고 탐스럽기도 하다라고 성경 창세기에서 말하고 있듯이 최초 인간이래 물욕에 대한 원초적 본능은 없는 사람이 없고 없을 수도 없는 부분이었다. 좋은 것을 보면 갖고 싶고 맛있어 보이는 음식이 있으면 먹고 싶고, 촉감에 느끼고 좋은 것은 내 것으로 만들고 싶어한다. 이와 같은 물욕의 정서는 정도의 차이는 있고 겉으로 표현하는 정도는 다르겠지만 임금이건 재벌이건 촌민이건 동서양을 막론하고 인심(人心)은 다 같은 것이다. 성경에 나타난 아간이라는 사람은 전쟁 와중에도 금, 은, 옷을 보고 그것이 탐이나 전율(戰律)을 어기고 남이 모르는 곳에 감췄다가 들통이나 사형을 당했던 얘기도 있고 아나니아와 삽비라 부부는 돈 덩어리가 욕심이나 감추었다가 발각되어 비참한 종말을 당한 경우도 있고, 다윗왕은 목욕하는 여인의 나체가 욕심나 남의 여인을 빼앗았던 경우도 있었다. 원초적 욕구심은 어찌할 수 없겠으나 그 한계를 넘으면 후회스러운 일이 생기고, 나 아닌 타인에게 지대한 피해를 주는 경우도 있다. 그런고로 얼마만큼이나 자기관리 자기절제력을 유지하느냐가 인간다움을 보여주는 도덕적 아름다움이기도 한 것이다. 성경 야고보서 1장 15절에는 이런 말이 있다. "욕심이 잉태하면 죄를 낳고 죄가 장성하면 사망을 낳느니라"라고 했다.

5. 명예욕(lust of fame)

명예라는 말을 국어사전에서 보면 '자랑스러운 평판', '이름이 높음' 등의 뜻으로 설명한다. 이 말을 한자로 보면 이름 명자(名), 기릴 예자(譽)를 써서 명예(名譽)라고 한다. 이 뜻은 아마도 그 이름을 높이 오래도록 존경하면서 잊지 않는다는 뜻이기도 한 것이겠다. 또 다른 말로는 개인으로 볼 때 명성, 성공, 위인, 위대함 등으로도 이해할 수 있다. 자기가 남보다 탁월하다고 하는 모습이나 명성이라든지 하는 것을 나타내고 싶고 보여주고 싶고 인정받고 싶어하는 욕심인 것이다. 재물로나 권세로나 지식으로나 가문으로나 직함으로 등등의 어떤 문제로든지 남들 앞에 자랑하고 싶어 하는 충동과 욕구 이런 것을 두고 명예욕이라 할 수가 있는 것이다. 이와 같은 것은 근본적으로는 나쁠 것이 없다. 불꽃 튀는 생존경쟁의 체제 속에서 남보다 선한 경쟁으로 얻은 명예는 오히려 아름다운 것이다. 그럼에도 불구하고 '명예욕'하면 언뜻 색안경을 끼고 싶어하는 이유는 타의 의해서 얻는 명예이전에 자아(自我)에 의해서 명예를 조립하려고 하는데서 본래의 의미를 잃어 버렸기 때문이겠다.

인간은 타인에게 존경을 받을 때 참으로 명예로운 사람이지만 그렇지 못할 때 그는 존경을 못 받고 명예를 자랑할 수가 없다. 근자의 세태는 사람들의 사고와 정신이 황폐하게 변질되어서 별로 자랑스럽지도 못한 사람들이나 허물이 많은 인사들일수록 명예 자랑을 더 하려고 한다. 심지어는 명예를 "목숨보다 더 소중하다."라고 말하는 이들도 있다고 한다. 이런 사람들일수록 인간이 인간다운 것이 무엇인지 모르기 때문일 것이다. 참 명예적인 뜻을 바로 이해한 사람들은 하나님의 명예, 가문의 명예, 사회의 명예나 타인의 명예를 위해 자신을 희생 할 수 있는 사람일 것이다.

제 5 장

인간의 두 기능

1. 동물적 기능

인간이 인간답다고 하는 것은 동물적 속성과 초 동물적 속성인 신(神)의 속성과를 아름답게 조화하며 살아갈 때 그것을 바로 인간답다라고 하게 되는 것이다. 각기 속성에 따라 기능을 살펴보면서 동물로써의 참기능을 연구해 보자.

가. 식사 기능

원초적 본능란에서도 말했듯이 인간에게 있어서 먹는다는 기능은 참으로 행복한 부분이며 필요한 기능이다. 행복하다는 것은 먹을 때 기쁘고 즐겁다는 뜻이고 필요하다는 것은 먹지 않으면 생명을 보존 할 수 없는 것이기에 필요한 것이다. 그런고로 좋은 음식을 찾아 먹고 싶어 하며 남보다 더 먹을 려고 하는 욕구가 잠재하고 있는 것이다. 이와 같이 먹는 문제를 해결하기 위해서 땀을 흘려야 되고 수고를 해야 하는 것이다. 심지어는 먹기 위해 사느냐? 살기 위해 먹느냐? 라는 말이 나올 정도로 먹는 기능은 필요불가결 할 것이고 또한 숨기지 못할 문제일 뿐만 아니라 자랑하면서 먹을 수 있는 것이다.

인간에게 있어서 먹는다는 것은 사는 것이 중요하다는 것이 바탕을 이루는 문제인 것이다. 공식적으로 하루에 세 번씩이나 정해 놓고 먹을 정도이며 그 외에 사람에 따라서는 수시로 간식이나 또 다른 먹을거리를 취할 수가 있을 것이다. 그런고로 각각 먹는 양이 다를 것이지만 평균 세 번 식사 중 아침에는 456.77g, 점심에 669.84g, 저녁에는 688.04g으로 도합 1701.71g을 섭취함으로 보통사람의 기준을 이룬다고 한다.

나. 생식기능

생식기능이라 하면 종자 번식에 수단인고로 범 동식물의 세계를 막라하여 동일한 문제이며 인간도 예외일 수가 없는 것이다. 모든 동식물계 전체가 그런 섭리에 부합할 것이나 인간에 있어서 생식기능이라 하면 그 기능활동을 통해서 가장 행복하며, 가장 만족하며 가장 흐뭇할 것이다. 동식물은 이를 통해서 종족(종자)을 번식시키며 인간은 자손을 번창하게 하는 것이다. 이와 같은 생식기능을 아래와 같이 몇 가지 생각해 보자.

1) 생식기능의 작용

성공적인 생식작용이란 남자의 발기된 음경이 여자의 질 내에 삽입되면 음경의 감각기관이 전자회로에 연결되어 생체작용이 시작된다. 감각기관은 질 내의 뜨거움, 축축함, 음경을 감싸고 있는 힘, 음경의 마찰정도 등등을 감지하여 뇌와 척추의 성감을 담당하는 중앙부서로 신속하게 전달한다고 한다. 이때 남자와 여자는 자신들의 성감을 높이기 위해 서로가 숨을 헐떡이며 열정을 쏟아 붓는다. 남자의 온신경은 자신의 음경에 집중되고 여자는 질과 음핵근방에 집중된다. 그러면 중앙부서에서는 그들의 감흥을 더욱 북돋아주기 위하여 결합된 음부 쪽으로 피를 더 많이 흘러 보내서 척추아랫부분의 에너지를 증강시켜준다. 여기에다 달콤한 입술의 감촉, 감흥어린 교성, 만지고 만져주는 육감 등 모든 에로틱한 것들이 이 회로에 연결되면서 긴장이 점점 고조되어 마침내 오감이 더 이상 자극할 수 없는 순간에 이른다. 지금까지 모든 정열을 기울여 애쓰며 함축시킨 긴장이 부풀어 무아지경에 빠져 되돌아 갈 수 없는 순간에 이르게 된다. 이때 남자는 궁둥이 근육이 수축되어 등이 앞쪽으로 휘어지면서 자신의 발기된 음경을 사랑하는 여인의 질속 깊은 곳까지 들어가도록 들이밀게 되며 동시에 내장된 고속 펌프를 빠르게 작동시켜 순간적으로 정액을 여러 번 뿜어낸다. 분출되는 사정속도는 시속 45km정도의 추진력이라고 한다. 여기에서 쏟아지는 정액의 양은 통상적으로 가득한 티스푼 분량(3-5cc)인데 거기에서 3-5억 개의 정자가 헤엄치고 있다. 한편 여자는 클라이막스로 온몸의 피가 아랫배 쪽으로 일순간 몰려오듯 화끈하게 달아오르며, 질구 근처의 외음부가 융기되고 동시에 질과 항문의 괄약근이 수축하면서 단단하게 부풀어 있는 음경을 강하게 옥죄인다. 질은 전체적으로 길어지고 자궁구가 있는 질원개부의 안쪽이 깡통처럼 부풀어져 비교적 넓은 공간이 생기며, 정자의 활동을 돕기 위한 준비과정으로 질벽에서는 미끈미끈한 애액이 번져 나온다. 이어서 자궁이 위로 치켜 오르며 자궁구가 확장되면서 음경이 있는 쪽으로 내려와 정액을 받아드리려는 수축과 이완작용을 몇 번 반복하게 된다. 이런 사랑들은 불과 10초 동안의 짧은 순간에 이루어지는 신비한 생식작용의 대 역사인 것이다. 이 순간이야 말로 음이 양을 품고 있는 좁은 공간 이외의 세상은 존재하지 않는 것이다.

2) 생식기능의 작용약화

미국 국립환경보건과학 연구소의 생물통계학자 데이비드 던슨박사의 의학전문지 '인간생식'이란 연구보고서에서 주장하기를 여성은 27

세 남성은 35세부터 생식기능이 떨어지기 시작한다고 했다. 이와 같은 사실을 통해서 임신소요기간이 젊은 사람들에 비해 1-2개월 정도 더 길다는 뜻이라고 말했다. 지금까지는 여성은 30대 초반, 남성은 40-50대까지 가야 생식기능이 감퇴되기 시작한다는 생각의 여론을 던슨박사의 782쌍의 실험결과로 바뀌어졌다. 연구대상 782쌍의 결과에 의하면 남자와 여자가 비슷한 연령대라고 가정했을 때 27세 이상 여성의 임신성공률은 50%, 27-34세 여성은 40%, 35세 이상여성은 30% 미만으로 각각 나타났다. 여기서 말하는 생식기능의 약화는 35세 여성의 같은 또래의 배우자를 가졌을 때 한 달 안에 임신의 성공률은 29%이고 남자나이가 40세인 경우는 임신성공률이 18%로 크게 떨어졌다. 남자나이 35세를 전후하여 임신 성공률 차이가 나게 된다고 한다. 즉, 40세 남자가 배우자를 한 달 안에 임신 시킬 가능성은 35세에 비해 무려 40%나 떨어진다는 것이다. 이는 남자의 생식기능은 35세를 넘으면 현저하게 떨어진다는 결과로 볼 수 있다.

다. 생존기능

생명을 연장하고 오래도록 살고 싶어 하는 근본적 기능은 짐승에게나 사람에게나 동물이라면 다 있을 것이다. 모르기는 하지만 식물세계나 또 다른 존재의 세계도 있을 것이라고 사료된다. 인간은 생존에 대한 강력한 욕망과 그리고 그 기력도 가지고 있다. "백살 먹은 노인도 죽으라면 섭섭하다."라는 속담도 있을 뿐만 아니라 죽고 싶다는 노인의 말은 백제 거짓말이라는 말도 있을 정도다. 옛날 중국의 진시황[4]은 늙기 싫고 죽기 싫어서

4) 진시황(秦始皇)-B.C259- B.C219 : 중국전국(中國全國) 시대에 칠웅(七雄) 중에 하나였는데 진(秦)나라의 왕이었다. 재위 B.C247-B.C221에 이어 진제국(秦帝國)의 초대 황제로 B.C 210년 신해혁명(辛亥革命)에 이르기까지 2000년간의 황제지배체제의 창립자였다. 이름은 정(政) 시호는 시황제(始皇弟)였으며 13세에 왕이되었다. 비록 승상(丞相)이 집권했지만 부국강병(富國强兵)에 힘썼던바 모태후(母太后) 애인의 반란을 진압하고 친정체제를 이룩했다. 내정을 개혁하고 농지를 개간했으며 병사를 양성하고 상선필벌을 정책화 하여 기

불로초불사약(不老草不死藥)을 구하기 위해서 서불에게 명하여 천년 묵은 나무를 베어 배를 만들게 하고 동남동녀 500명을 인솔케하여 삼신산(三神山)으로 보냈었다는 이야기가 있었다. 삼천갑자 동박석이도 오래 살기 위하여 3년 고개에서 굴렀다는 얘기는 유명한 전설이다. 장수하고 싶고, 잘 살고 싶어하는 생존 욕구야 말로 본인 내지는 종자 번식을 통해서도 생존 기간을 연장해 보려고 애를 쓴다.

라. 보호기능

다른 동물들과 별 다름없이 생을 유지하고 사는 날 동안은 강력한 보호기능을 가지고 살아간다. 도태와 생성의 험난한 자연 섭리 속에서 자신을 보호하고 가솔을 보호해야 한다는 막중한 책무의식을 갖고 살아가는 것이다. 생명의 위협을 느끼고 삶의 위기가 왔을 때일수록 보호기능은 자연스럽게 발휘되어 헤쳐 나가기 위한 돌파구를 찾는 것이다.

마. 지배기능

세상을 호령하는 제왕이나 하루 벌어 하루 먹고사는 하루살이 같은 촌민을 막론하고 지배 기능적 요소가 있다. 물론 이것도 인간에게만 있는 것이 아닌 것이다. 모든 생명이 있는 모든 사물들에게까지 공유된 기능일 것이다. 강자는 약자를 지배하고 지배자는 지배받는 약자를 통솔하고 통솔할 수 있는 피지배자가 있을 때 권력을 과시하고 또한 그 큰 과시력을 갖고 명예스러워하고 싶어 하는 속성적 기능일 것이다. 제왕은 국가나 세상을 지배하지만 가장은 가솔들을 지배하게 되고 지도자는 군중을, 대장은

마전술적 외교 활동을 솜씨있게 전개한 나머지 한(韓), 조(趙), 위(魏), 초(超), 연(然), 제(齊)의 6국(六國)을 차례로 멸절하여 B.C 221년에 중국의 천하를 통일한 왕이었다.

부하들은 지배하는 것이다. 어떤 경우는 활동을 지배하고 어떤 경우는 정신계를 지배하기도 하는 것이다. 이런 지배기능이 있기에 장유유서가 있게 되고 질서와 서열로 안정과 평화를 누리는 것이다.

2. 인성적 기능

인간은 동물도 아니고 신도 아니고 그 중간이라는 말이 있듯이 동물다운 속성과 사람다운 속성을 함께 함유하고 있다. 인간을 향해서 위에서 말한 동물적 기능이 사실이라면 이제 여기서 말하는 인간적 기능이야말로 참된 인간으로 살아가는 숭고한 신비의 기능을 조물주로부터 허락받은 것이다.

가. 신성(神性)적 기능이다.

본래 인간이 창조되었을 때 하나님의 형상이라는 실질적 요소를 강하게 가지고 태어났던 것인데 죄로 인해 그 기능요소가 대단히 허약해졌다. 그래서 인간이 짐승처럼 된 삶을 살고 있으면서도 그 부끄러움을 모르는 채 살고 있다. 그러나 지금 우리는 그 신성회복의 기능이 잠재함을 깨닫고, 참으로 인간답게 살도록 하는데 목적이 있다. '우리'라고 하는 어울림의 모습으로 서로를 귀하게 여길 줄 아는 상부상조의 협동정신이 바로 하나님의 섭리인 것이다. 뿐만 아니라 인간이라면 나도 유익해야 되지만 너도 유익해야 된다는 타(他)로 유익하도록 배려할 수 있는 기능이 살아 있어야 하는 것이다. 짐승은 자기만 알지만 인간은 하나님과 우리를 아는 것이다.

나. 도덕적으로 살 수 있는 인간적 기능이다.

이 기능이야 말로 인간 외에 어떤 창조물에서 찾기 어려운 요소다 윤리를 실천하고 양심을 지키면서 살아갈 때 그 모습이 인간다운 아름다움이다. 도덕 속에는 청렴하고 결백할 수 있는 진리와 떳떳하게 사는 것이나 타(他)에 모범이 되도록 살 수 있는 기능이 있다. 오직 인간에게 주신 조물주의 특권이며 책무인 것이다. 궁궐 같은 저택에 거주하며 고급 승용차를 타고 달리는 사람 일지라도 붕어빵을 사먹으며 거리를 종종걸음 하는 촌민보다 더 낫다고 한다면 그것은 도덕적 기능을 실천할 때만 인정되는 것이다.

다. 성공할 수 있는 기능이다.

인간의 성공 기능이란, 자만하고 과시욕이 팽배하고 남을 억압하기 위한 기능은 아니다. 인간다운 성공기능이란 이웃을 사랑하고 타인에게 유익을 주며 너와 나의 사이를 좋은 형태로 만드는데 일익을 감당하기 위한 기능이다. 짐승도 성공의 사례가 있을 것이다. 오늘날 인간의 성공기능의 완성은 짐승처럼 되고자 하는데 목적과 의미가 있는 것이 아니다. 사람다운 사람으로 살아가는 명예적인 성공인 것이다.

라. 종교적 기능은 인간에게만 주신 조물주의 신성한 은사다.

종교심이라고 하는 것은 인간이 신(神)을 신뢰하고 숭배하는 마음을 뜻하는 것으로 지정의(知情意)를 갖춘 인간만이 소유할 수 있는 소중한 부분이다. 인간은 종교를 통해서 신(神)을 체험 할 수 있기도 하고 종교가 주는 교훈이나 경전을 통해서 인간의 본질적 인간다움을 회복하여 삶의 의미와 가치를 찾아갈 수 있는 것이다. 한 종교라고 인정 될 수 있는 종교적 자격이라면 첫째 경전을 소유한 단체여야 하고 둘째로 경전을 요약한 실천사항인 교리가 확실해야하며 그 교리는 대단히 인격적이며 윤리도덕을 포함한 내용에다 인간의 삶을 승화시킬 수 있는 교훈이 포함되어야 한다. 셋째로는 내세적 영생론을 분명하게 제시할 수 있을 때야 비록 종교라고 할 수가 있다.

인간에 있어서 종교심은 신을 향해 살아야하고 그 종교에서 말하는 신의 명령에 복종 할 수 있는 생활을 연습해 갈 줄 알아야 진정한 종교심을 가진 사람인 것이다. 나아가서는 자기의 삶을 신에게 의지하는 심성으로 나가되 의타심을 가지게 하는 요소가 되면 안된다. 요즘은 삶의 의지와 용기를 소유한 생존경쟁에서 노력부족 같은 삶의 위기를 만날 때 신에게 솔직히 고백 간구함으로 자신감의 재충전을 받게 되는 것이며 이런 종교의 힘을 통해 재기, 소생, 성공의 자랑스러움을 회복을 할 수가 있다. 더 나아가서 그 사람의 종교심이 어떠냐에 따라서 만물의 자기능력 이상의 복을 누릴 수 있도록 섭리하신다는 사실을 믿는 것이다. 그뿐만 아니라 종교의 최후적 목적인 사후행복을 기다리는 것이다.

인간에 있어서 종교심이란 대단히 자연스러운 것이며, 신성한 속성의 표현이기도 하며 대단히 황홀한 기다림이기도 한 것이다.

제 6 장

삶의 목적론

인간에 있어서 삶의 목적을 논하기 전에 먼저 사람다움이란 무엇인가에 대한 말로 문을 열면서 목적론을 찾아야겠다. 중국 고전 시경(詩經)이라는 책에 이런 말이 있다. “쥐를 보니 가죽이 있었다. 그런데 사람에게 예의(禮義)가 없겠는가?”라고 했다. 이 말은 사람의 사람다움은 재물이나 권력이나 미색에 있는 것이 아니라 예의범절을 지키는데 있다는 말을 표현한 것이다. 방법이야 풍속에 따라 틀리겠지만 동서고금을 막론하고 예의 범절을 중시하며 사람다움의 기준을 가졌다는 것은 모르는 사람이 없을 것이다. 아울러 삶에 대한 의미를 어디에다 두느냐 하는 것도 자체에 생각을 하면서 본인의 삶에 가치관을 점검해 볼 필요가 있다. 어떤 이는 먹는 것, 입는 것, 즐기는 것에서 삶다운 의미가 있다고들 할 수가 있을지 모른다. 그러나 그런 가시적 문제이상으로 인간의 삶의 의미는 승화적 차원이 있는 것이다. 왜냐하면 인간은 인간이지 우수동물이 아니기 때문이다.

그럼 우리 이제부터 삶에 목적론에 대해서 겸손하면서 객관적으로 생각해 보도록 하자.

1. 신(神)을 닮아라

인간이 신을 닮는다고 하는 것이 어떻게 보면 어패가 있는 말 같이 들려지기 쉽다. 그러나 여기에서 말하는 신(神)은 어떤 종교들처럼 모르는 귀신이라든지 아니면 어떤 종교적 교주를 닮으라고 하는 얘기가 아니다. 그것보다 더 원천적으로 사람이 세상에 출생되는 것, 신(神)의 역사(役事)와 섭리에 의해 태어나는 것이다. 이 신은 바로 인간을 인간으로 만물을 만물로 있게 한 조물주(造物主) 신(神)이신 것이다. 그는 인간을 세상에 내실 때 자기다운 형상을 인성 속에 주시어 존재하게 하신 것인데, 그 신적 요소형상에 대해서 몇 가지 아래에 소개하겠다.

가. 의(義)로운 공심이다.

신들 중에도 악한 신들이 있고 부정한 신들도 있을 것이고, 거북스럽지만 지저분한 신들도 있겠지만 만물과 인간을 창조하신 조물주신은 결코 의(義)로 우시며 절대 공평의 균형을 잃지 아니하시며, 사사롭지 않으시고 공익적이시며 타(他)를 이롭게 하시는 섭리적 성품을 소유하신 공의(公議)의 신이시다. 그런고로 오늘 우리 인간들이 창조신의 의로운 공심을 닮는다면 꽃처럼 아름다운 향기가 세상에 가득하게 될 것이다.

나. 선량한 신품

인간의 속사람 속에는 선하신 신품이 잠재하고 있다. 악의 세력에 의하여 그것을 생활화하지 못하기 때문이고, 자아의식이 약해졌기 때문이며, 불의나 악을 극복하고자 하는 용기나 힘을 잃었기 때문이다. 신은 선하시다. 오른편 뺨을 때리면 왼편도 내주라고 하셨고, 겉옷을 달라고 하는 사람에겐 속옷까지 벗어주며, 오리 길을 묻거든 십리 길을 가르쳐 주라고 했다.(마태복음) 이것은 상징적인 뜻이 있으나 새겨볼 말이고, 또한 원수가 굶주리거든 먹이라고 했고, 헐벗거든 입을 것을 주라는 말도 있다. 이런 신이 주신 선량한 인품을 우리 속에서 찾아내어 조물주 신을 닮는 삶을 만들어야 한다.

다. 옳게 사는 길

옳게 산다고 하는 것이 어떤 공식적 방정식이 있는 것이 아니기 때문에 너무 광범위한 말같이 느껴지기가 쉽다. 그러나 옳게 사는 기준은 찾아야 되고 찾게 되어 있다. 예수는 말씀하기를 "옳다. 옳다. 아니다. 아니다."하라고 했다. 이 말씀은 옳은 것은 어디까지나 옳은 것이고, 틀린 것은 끝까지 틀린 것이라는 말씀이다. 사리사욕에 따라 이얼렁 비얼렁식으로 이랬다, 저랬다 하는 지조 없는 사람은 인간됨을 사표내야 할 것이다. 인간의 기본성을 인정하여 확실한 인간다운 기능에 충실할 뿐만 아니라, 가치 있고 자랑스러운 자기를 재발견 수련하여 자신 속에 잠자고 있는 거룩한 신성을 인품으로 승화시켜 주물주의 창조물다운 삶을 찾는 것이 목적 그 첫째이다.

2. 행복한 삶을 건설

인간은 태어날 때부터 행복을 누릴 수 있는 자격과 책임감을 가지고 태어났다. 인간이 행복하게 살아야 된다는 것을 인간 자신만을 위한 것이 아니다. 조물주 창조자의 뜻이기 때문임이 그 이유가 더 크다. 행복이라는 것을 한마디로 간단히 말하기는 쉽지 않지만 대게 행복을 정의한다면 “행복이란 자신의 인생 목적을 바르게 인식하고 그것을 추구 완성되어 감을 느낄 때 그 환희적 기쁨을 나타낸 모습이라고 말할 수 있다.”

그럼 삶에 목적이라는 전제하에 행복을 건설한다는 것이 구체적으로 어떤 것인가 아래를 살펴보자.

가. 육체적 행복

행복을 만끽하는 흐뭇한 감정은 육체와 정신이 따로 있을 수 없음은 사실이나 우선 설명의 필요상 구별한다. 육체적 행복의 요소라 함은 우선 몸이 건강한 것을 우선으로 한다. 건강을 잃으면 모든 것을 잃는다는 유명한 말처럼 인간의 그 행복의 조건으로 육체적 몸둥이가 튼튼한 데서 출발한다. 뿐만 아니라 튼튼한 건강의 차선으로는 재물이 있어야 한다, 인간에게 있어서 재물이라는 것은 많을수록 좋다고 생각할지 모르나 그것은 아니다. 재물은 있어야 행복할 수 있는 것이 사실이기는 하나, 그것도 자기 자신이 관리 할 수 있는 능력정도에 한계가 있다. 어떻든 재물은 너무 많아도 화(禍)인 것이고 너무 없어도 불행한 요소이지만 먹을 수 있고, 입을 수 있고, 가옥을 가질 수 있는 정도에다 필요한 만큼의 생활비, 활동비, 교육비 등 남을 다소나마 도울 수 있는 정도의 재물이면 행복을 누리기에 모자라지는 않을 것이다. 물론 허욕이나 욕심으로 절제에 한계를 넘으면 그것은 또 다른 문제이다. 그뿐만 아니라, 참 행복의 또 한 가지 요소는 사랑이다. 여기에서의 사랑은 육체적 요소이기 때문에 부부간의 섹스를 말한다. 인간에게 성을 구별하여 양음으로 태어난 것은 그것을 통해서 종족도 번식할 뿐 아니라 이런 성적 욕구를 채우는 행위를 통해서 자기 자신을 확보하고 자신감을 활성화하며 흐뭇한 만족과 쾌감이야말로 무한한 행복의 절정을 경험하는 일례가 된다. 따라서 행복의 콧노래는 거기에서 그치지 않고 씨종자(種子)를 번식시킴으로 자식을 통해서 대를 이어간다는 것이다. 대를 이어간다는 큰 행복도 있겠으나 그 보다 먼저 애지중지 하면서 키워가는 그 감정이야말로 진정한 행복일 것이다. 이와 같은 삶을 만들어 누리는 삶이 그의 목적일 것이다.

나. 정신적 평화

데모크라테스(Demokritos)는 "행복과 불행은 모두 마음에 있다"라고 말했는가 하면, "행복한 생활을 마음에 평화에서 성립된다."라고 키케로(Cicero)는 말했다. 인간에게 있어서 참 행복은 정신 혹 마음이 안정되고 평화로울 때 주어지는 선물이다. 정신은 육체를 지배 명령하는 행동의 명령자다. 이 명령자인 정신이 안정을 못하고 불안, 초조, 괴로움, 고뇌를 느낄 때 그 인간 자체를 행복하다고 하면 그것은 언어도단일 것이다. 평화라는 말을 쓰다보면 자연적으로 전쟁이란 단어를 연상하게 된다. 행복한 삶을 누리려면 평화를 유지해야 되는데 이 평화와 전쟁은 너무나도 우리 생활과 직간접으로 깊은 뿌리로 인연된 것이기에 간단하지가 않다. 삶 자체가 생존 경쟁적, 정쟁 속에서 살아가다 보니 정신적 평화나 육체적 평화를 구분 짓기 쉽지 않으며 정신은 육체적 평화로 행복할 수 있는가 하면 육체는 정신적 평화로 행복할 수 있기 때문이다. 그러므로 정신적으로 행복하다 하려면 평화를 초청해야 한다. 생활에 동반자로 생사를 함께하도록 해야 할 것이다. 평화는 마음이나 생각이나 판단력 등이 뒤숭숭하지 않고, 일치 속에 안정되었어야 하는 것이 원칙이다. 신을 의지한다든지 또는 한 가지 일에 몰두한다든지 그것도 아니면 이것저것 모두 떨치고 마음을 비운상태로 산다든지 하게 되면 평화를 만들어질 것이지만 진취적 의욕이 주저될까 염려되기로 하는 것이다. 어떻든 행복한 삶을 목적화하려는 전제 앞에서 정신이 평안해야 행복을 누릴 수 있겠다는 만고적 진리를 누가 부정하랴!

다. 성공적 명예

성공은 명예로워지는 위대한 인생의 승리인 것이며 자신에게나 타인에게나 크게 자랑스러운 요소다.

성공이란? 그 사람의 번영을 의미한다. 훌륭한 집, 경제적 풍요, 자녀들의 번성, 사람들로부터의 칭찬과 환대, 선한지도자의 위상, 존경의 대상이 되는 것 등이라고 말할 수 있다. 또한 성공을 하려면 성공할 수 있는 조건을 갖추어야 할 것이다. 그 조건은 첫째 목적의식이 확실해야 하며, 둘째로는 그 목적을 달성하고자 하는 꾸준한 인내력인 것이다. 그뿐만 아니라 일본에 유명한 신학자 내촌감삼씨는 성공비결에 대해서 말하기를 "무슨 일이 있거나 분노에 끌려서는 안된다. 어떤 경우에도 경쟁만을 위한 일을 해서는 안되며 사랑과 격려를 통해서 이루어가야 한다고 한다. 진리의 밀약을 도모하기 위해 언제나 즐겁고 평온한 마음으로 할 것"이라고 역설했다. 그뿐만 아니라 커밍워크(cumming walk)라는 사람은 인간으로써 성공 할 수 있는 요인으로 다음과 같은 네 가지를 말했다. 첫째는 머리(I.Q)가 좋아야 하며 둘째는 지식(knowledge)이 있어야 하며 셋째로는 기술(Technique)이 있어야 할 것이고 넷째는 태도(attitude)가 중요하다고 했다. 그런데 그는 이어서 말하기를 이와 같은 네 가지 요인 중에 성공적인 삶에 93% 이상으로 결정적 영향을 주는 것이 태도라고 했다. 이런 것으로 미루어 보더라도 명예로워지기 위한 성공은 참으로 다양하면서 고귀한 의미를 포함한 아름다운 것인 것 같다. 우리가 여기서 명심해야 할 문제가 있다. 인간이 행복으로 가는 길목에서의 성공은, 반드시 명예롭지 못한 이유로 인생 행복을 깨뜨리거나 또한 막대한 상처를 삼키는 후회스러운 성공도 있는 것이다. 그런고로 성공은 명예로워야 하고 그 명예로운 성공이야 말로 인간 당신을 행복한 안식처로 안내하는 것이리라. 16세기의 유명한 예술가요 건축가요 화가요 조각가인 마켈란젤로가 있었다. 어느 날 친구가 미켈란젤로를 찾아갔는데 그는 꽃을 꽂는 조그마한 상자를 만드느라고 온갖 정열을 하다고 있었다. 친구가 말했다. 그까짓 꽃꽂이 상자를 만드는데 왜 그리 전심을 다 쏟느냐고 했다. 미켈란젤로는 대답했다. "나사렛의 목수가 만일 꽃상자를 만들었다고 하면 아무렇게나 허술하고 불완전하게 만들었겠나? 나도 예수처럼 완전한 꽃상자를 만들어야 하지 않겠나"라고 말했다고 한다. 여기 간단한 이야기 속에서 행복한 성공은 반드시 아름다운 명예를 동반한다는 의미를 볼 수 있는 것이다. 작은 것을 소홀히 하지 아니하고 완전하고 분명한 작품으로 만들고자 하는 그의 철저한 자세 이런 것이 바로 저 유명한 이탈리아가 낳은 세계적인 인물이 됐음을 보게 된다. 인간은 행복한 삶에 목적을 위해 성공적 명예 혹은 명예로운 성공을 위해 힘써야 할 것이다.

| 성공의 비결 |

성공의 비결이란 말을 하는 김에 나폴레옹 힐 박사의 성공자의 특성 17가지를 소개한다.

ㄱ 긍정적인 사고방식(Positive Mental Attitude)으로 매사에 적극적이고 긍정적으로 일을 처리하라.
ㄴ 정확한 목적(Denfinitiendess of Purpose)
ㄷ 봉사하는 마음(Going the extramiles)으로 오리를 가자하면 십리는 가주는 자세
ㄹ 정확한 사고(Accurate thinking)
ㅁ 자기 훈련(Self discipline)
ㅂ 자신 있는 마음(The Master mind)
ㅅ 신념의 활용(Applide Faith)

ⓞ 명랑한 성격(Pleasing Personality)
ⓩ 솔선수범(Personal Initative)
ⓒ 열심(Enthusiasm)
ⓚ 주의력의 집중(Contrlled Attention)
ⓣ 협동(Team Work) 한국 사람들 결정적인 단점이 팀웍 단결이 부족한 부분이다.
ⓟ 실패를 배우자(Learning from defdat)
ⓗ 창조적 환상(Creative Vision)
㉮ 시간과 금전관리(Budgeting time and Money)
㉯ 튼튼한 육체와 건전한 정신 관리(Maintaing Sound phydical Mental Health)
㉰ 세계적 습성의 힘의 이용(Using cosmic Habit Force)

세계의 정치, 경제, 군사, 문화의 정세를 이용하고 우주의 변화(기후)를 이용하는 일까지를 성공의 비결로 말하고 있다.

라. 후손을 번창

인간이 후손을 창대케 한다는 것은 살아가는 삶에 당연한 목적 중에 필연한 책무이기 때문에 인간(부모)들은 자식에 대한 애착과 잘되게 키우고자 하는 열망이 대단한 것이다. 이런 종자 번식이기 도한 후손 번창이라는 책무는 비단 인간에게만 있는 것만은 아니고 동물세계나 식물세계나 또 다른 존재의 세계 속에도 이런 섭리가 공존하리라 생각하면서 여기서는 인간 중심으로 몇 가지를 생각해 본다.

1) 자식(후손)

창세기 1장 28절을 보면 하나님이 인간에게 선언하신 명령 같은 것이 있다. "생육하고 번성하여 땅에 충만하라."는 말씀이 있듯이 옛날이나 지금이나를 막론하고 자식이나 후손에 대한 관심은 별다름 없는 전통적 정서인 것이다. 첫째는 많이 생산되고 둘째로는 잘 키워야 되며, 셋째로는 성공하여 가문을 빛내야 되며 넷째로는 나라를 다스리며 천하일에 공헌하기를 바랐다. 요즘에는 많이 낳는 것을 선호하지 않으며 아들이나 딸에 대해서도 차별이 현저하게 줄어 드는 것 같다. 적게 낳더라도 혹은 딸이라도 훌륭하게 키워서 입신양명하기를 기대하는 쪽으로 많이 변한 것 같다. 자식이라는 것은 그 가문에 위상 발전으로 생각하는 사고가 농후함으로 오늘날도 최선을 다해 뒷바라지를 하는 경우가 대부분이다.

2) 재산상속

인간의 실질적인 생존활동을 위해서는 재물을 등한이 할 수가 없는 것도 명백한 현실이다. 먹고 입고 사는 기본적인 것은 물론 자녀를 양육해야 하고 문화생활을 누려야 하며 생활의 기틀도 마련해야 하기 때문에 재산이 필요한 것이다. 자녀들은 부모의 직간접적 재산의 상속이나 후원을 당연한 것으로 생각한다. 사람에 따라서 전답이나 유물이나 현금이나 또 다른 재산 명세서를 후손에게 상속해 줌으로 자식에 성공과 행복을 위해 책무를 다했다는 의식을 비우지 못하는 경우가 다수인 것이다. 문명이 발달한 사회일수록 재산 상속에 대한 이행이나 실천은 그 기대가 작아지며 한 인간으로써 자주 독립적 생활인으로서의 관심이 커지는 것 같음으로 그 대신 진정한 삶에 정신 자세가 필요하다고 생각된다. 그럼에도 불구하고 사람들의 대다수는 자식에게 재산을 물려줌을 그들이 잘되게 하는 행위임을 잊지 못하고 있다.

3) 유언

유언이라는 말을 한자로는 유언(遺言)이라고 쓰는데 이유(遺)자는 끼칠 유 혹은 남길 유라고 하며 언(言)자는 말씀 언자를 쓴다. 직역하면 영향을 끼친다든가 무엇인가를 남긴다는 뜻이다. 대개 운명(殞命) 직전에 있는 부모가 자녀들이나 가족들에게 마지막으로 남기고 가는 말을 가리키는 뜻이다. 이와 같은 유언은 유언 이행자가 죽고 난 다음에야 효력이 발생하는 것이다. 유언의 내용은 사람에 따라 여려가지 다양한 내용들이 있겠으나 대개는 재산 상속에 대한 유언이 대부분일 것이고 또는 생존한 가족들에게 긴한 삶에 자세를 남기기도 할 것이다. 그리고 자신에 인생을 솔직하게 정리하는 유언의 말도 있을 것이다. 유언이라는 말이 나온 김에 생각나는 것이 있다. 세계에서 가장 짧게 유언을 남긴 사람은 독일사람 '칼타우쉬'라는 사람인데 그는 1947년 1월 10일 "모든 것을 아내에게"라는 유언이었다고 한다. 따라서 세계에서 제일 긴 유언을 남긴 사람은 미국 프레데리카쿠크 부인인데 무려 9만 5940단어 즉 4권의 책으로 제본 될 만큼 분량의 유언이었다고 한다. 그 외 소크라테스는 "악법도 국법이다"라고 하는 유언이었다고 하며 이순신은 "내가 죽었다는 것을 아무에게도 알리지 말라."라는 유언을 남겼다고 한다. 여하튼 인간은 유언을 통해서까지 후손이나 가족들에게 무엇이든 남김으로 유익을 끼칠려고 하는 자연적 애착이 있는 것 같다. 어떤 포도 농장 농부가 죽으면서 자녀들에게 유언을 남겼다고 한다. "너희들은 듣거라! 나는 이제 죽게 되었다. 그러니 너희들이 내가 죽거든 내가 포도밭에 묻어둔 것을 찾도록 하라! 잘 찾다보면 그 밭에서 너희들이 평생도록 먹고 살 것이 나오리라."라고 했단다. 숨겨둔 것을 찾기 위해 열심히 일했더니 몇 갑절의 수확을 거두었다고 한다. 순박한 농부의 유언 속에 삶에 진리가 있는 것을 보게 된다.

4) 훌륭한 이름을 남기는 것

속담에 호랑이는 죽어서 가죽을 남기고 인간은 죽어서 이름을 남긴다고 했다. 인간은 살다가 불가피하게 필연적으로 죽게 된다. 죽으면 세상을 떠나게 되는데 떠나기 전에 무엇인가 내가 세상에 왔다 갔다는 흔적은 남겨 놓고 싶어 한다. 가능한대로 선한 자취를 남겨 놓고 싶은 것이 인지상정이리라. 명예스러운 이름을 남기는 것은 대단히 자랑스러운 흔적이다. 훌륭하게 살았다. 가치 있게 생을 걸어 왔다. 필요한 인간으로 후회 없이 살았다 등의 흔적들은 대단히 떳떳한 삶을 산

사람들의 흔적일 것이다. 이런 흔적은 공헌적인 흔적이었고, 남을 이롭게 한 흔적이다. 인류에게 국가, 사회에게 공헌을 한 사람은 부모, 스승, 친구, 배우자나 후배 타인에게 자랑스럽게 여겨질 것이며 그 흔적이야 말로 오래도록 빛날 것이다. 역사적(歷史的)인 삶으로 흔적을 남길 수 있었던 에디슨이나 링컨, 세종대왕이나 이순신 같은 역사적인 인물의 흔적은 일반적 생활을 뛰어 넘어 더 없는 삶에 표상을 보여줄 분들이다.

마. 진선미의 조화

인생에 있어서 삶에 아름다운 목적을 달성하려고 할 때에 무엇보다도 필요하고 중요한 것이 진선미를 보기 좋게 조화시키는 삶인 것이다. 어떤 사람에게 있어서 남보다 특출한 소질이나 재능이 있다손 치더라도, 다른 부분들과 조화가 어려우면 소기의 인생목적을 이루기가 대단히 어려운 것이다. 화가가 한 폭의 그림을 완수하여 세계인에게 성공적인 인정을 받으려면 그림 안에 색감이나 규격이나 내용물 등에 조화를 이루어야 되는 것과 같이 음악가가 합주곡을 연주 할 때 지휘자와 연주자들 그리고 각종 악기의 음률이 조화된 소리를 내야 되듯이 인간의 삶도 다양한 방법들과 삶에 모습들의 진선미적 조화를 이룰 때 아름다운 삶에 목적을 이룰 수가 있게 되는 것이다.

1) **진**이라고 하는 것은 한자로 진(眞)자를 쓰는데 이 글자는 참진 자라고 해서 진짜라는 것이다. 혹은 진실하다. 거짓이 없다. 등으로 쓰여지는 글자이다. 인간에 삶에서도 이와 같이 참되고 진실성 있으며 거짓이 없는 모습이 본래의 신(神)의 형상이며 잃어버리지 말아야 할 부분이다.

2) **선**이라고 하는 것은 한자로 선(善)자를 쓰고 있으며 이 뜻은 착할 선 자로 악의가 없고 선량하며 본래대로 착하다고 하는 부분에 씌어진다.

3) 미는 한자로 미(美)라고 사용하며 아름다울 미라고 한다. 이 글자야 말로 아름답고 향기로우며 발랄한 생명력을 충족하게 보임을 의미하는 말로 사용한다. 진(眞), 선(善), 미(美)하면 우리는 언뜻 미스코리아나 월드 미스를 연상하게 한다. 그러나 진선미의 뜻은 거기에만 있는 것이 아니고 인간 삶에 분야 분야에 다 진선미적 의미들을 지니고 있는 것이다. 예컨대 신앙의 진선미도 있을 수가 있고 노동의 진선미도 말 할 수가 있고, 예술이나 학문, 패션 계통뿐만 아니라 형무소나 죽음 같은데도 진선미적 의미는 얼마든지 찾아 장려 할 수 있을 것이다. 여기서 말하는 진선미의 조화는 인간의 삶 중에서 인격을 형성하고 자연스러운 생활인의 모습을 뜻한다. 이것은 창조 본연에 신(神)의 형상이기도 한 부분이다. 인류 문명이 발달하고 삶의 제도나 방법들이 현대화 될수록 진실성을 잃어버리는 세상으로 변질돼 가고 있다. 옛날 바리세 율법주의자들처럼 말로는 옳고 거룩하나 실질적 생활은 억지, 거짓, 시기, 질투심으로 채워져 진실한 모습을 찾을 수 없듯이 되어가고 있다. 뿐만 아니라 선량하고 착하게 사는 것이 오히려 어리석게 평가받기도 한다. 옛날 속담에 맞은 사람은 다리를 펴고 잠을 자지만 때린 사람은 다리를 오므리고 잔다고 했다. 선한 사람은 평안하고 악한 사람은 불안하다는 뜻이다. 자신의 인격을 선량하게 다듬어서 살도록 노력을 해야 할 것이다. 아름다운 것은 보이는 외모상으로나 보이지 않는 정신적 품격으로나 어울리도록 조화된 선량한 모습이어야 가능할 것이다. 너와 내가 서로 좋아하는 인간상으로 아름다운 인격만 준비된다면 세상은 훨씬 살맛 날 것이다. 여기까지 말을 하면서 우리는 진선미적 조화를 이뤄 살도록 해야한다는 책임의식을 느끼게 된다. 한 장의 도화지 위에 진선미가 조화된 그림을 그리듯이 한 인간의 삶의 전체가 진선미를 조화시킨 인생으로 살아가야 될 것이고, 한 사회나 한 세상의 구석구석 사건 사건마다 진선미가 조화된 사회나 세상이 되었으면 하는 소박한 열망을 기대해 본다.

제 7 장
운명의 손짓

운명이라고 하는 것이 무엇인지는 모르는 일이나, 거의 모든 사람들이 운명에 대해서 지대한 관심을 갖는 문제임은 틀림이 없는 것 같다. 운명이라는 글자는 한자로 쓰면 운수 운(運)자와 목숨 명(命)자를 써서 운명이라고 쓰며 직역하면 생명의 운이라고 말 할 수가 있겠고 조금 더 해석하면 일생동안의 삶에 길흉문제라고 말할 수도 있겠다. 기독교 성경에는 운명이라는 뜻의 말은 언급이 없으며 영어에서는 Fortune이나 destiny를 사용하지만 별 뜻은 없는 것 같다.

1. 운명이란?

성서 연구사에서 출판한 기독교 문장 대백과 사전(事典)에 보면 몇 가지 요약한 것을 보게 된다.

가. 그것이 (인생의 길흉문제) 나에게 왜 주어졌는지 알 도리가 없는 것이다.

나. 그것은 (인생의 길흉문제) 인생의 삶을 괴롭히고 방해가 되게하는 마이너스 선물이다.

다. 그것은 (인생의 길흉문제) 피할 수 없는 것이다. 짊어진 사람 자신이 짐을 자기 자신이 짊어지고 살아갈 수밖에 없는 것으로 타인에게 전가 할 수가 없고 나눠 가질 수도 없는 것이다.

라. 그것은 사람에 따라 경우에 따라 어떤 사람은 태어날 때부터 짊어지고 태어나고 또 어떤이는 살아가는 도중에 느닷없이 사람을 덮치는 식으로 부딪칠 것이다라고 말하고 있다.

운명이 무엇이냐고 묻는 질문에 대해 위에 설명으로 다 이해 됐다고 할 수가 없고 아마도 누가 뭐라고 설명해도 쉽게 공감대를 이루기는 쉽지 않을 것같다. 여기서 필자는 감히 운명이란 이런 것이라고 몇 가지 정리는 하고 싶다.

첫째, 운명이란 인간을 초월한 어떤 절대자의 힘에 의해서 오는 것이다. 그런고로 인간 본인으로써는 불가항력적이다. 좋다한들 무엇이고 싫다한들 어찌하랴!

둘째, 사람에 따라서 경우에 따라서 다 각각으로 온다. 예를 들자면 어떤 사람에게는 불행적 운명을 어떤 사람에게는 행복적 운명으로 다가오는 경우가 있으며 같은 사람에게라도 때에 따라 행복, 불행의 운명은 교차되는 것이다.

셋째, 물론 이런 근본적인 문제는 인간에게 불행이나 피해를 주기 위한 목적이 아님을 인식할 필요가 있다. 말하자면 불행한 운명이 닥쳤다고 해도 불행이 아닐 수도 있는 것이다. 물론 그 당시에는 괴로운 문제이겠지만 그 환란은 그 사람을 연단하기 위한 의미의 불행도 있는 것이라고 인식하면 좋을 것이다. 따라서 행복한 운명으로 다가온 것일지라도 그것에 대하여 자만심과 우월감으로 겸손하지 못하고 방종할 때는 그 행복이 없었던 것만 못하도록 입장이 바뀌는 사례도 있는 것이다. 그 예로 복권당첨 등으로 몇 십억이나 몇 백억을 갖게 된 사람이 그 행복이 깨지고 가산이 풍비박산된다는 예가 있지 않는가?

넷째, 남달리 특별하게 닥치는 불행한 사건이라면 정신차리라는 조물주의 무언의 경고인 것이기도 하다. 그런고로 어려워서 좌절한다거나 행복해서 자만한다거나 하는 경솔한 태도는 삼가해야 할 것이다.

다섯째, 조물주 하나님의 섭리 사항인 것이다. 쉽게 말해서 하나님의 뜻이라고 생각해야 한다. 우리들도 단어의 의미도 잘 모르면서 '운명'이라는 말을 자기 당착적으로 하여 해석을 뜯어 붙이려고 할 것이 아니라 인생의 길흉화복 혹 생사의 문제는 창조주 외에 그 어떤 힘에 의해서 되어짐이 없으며 있다손치더라도 유일하신 조물주의 허락하에 의해 진행되는 것임을 알고 운명 찾아 허공을 헤매는 일이 없기를 바란다.

2. 호기심

인간 자신은 인간 자신의 운명에 대해서 아는 것이 전혀 없다. 모르면서도 어떤 이상 야릇한 호기심(好奇心)에 유혹되어 자기 운명이 어떤 것인가를 알고 싶어하는 사람들이 많다. 호기심이란 본래 신기한 것을 좋아하는 마음에 발로라고 한다. 어떤 사람들은 운명을 개척한다고도 하고 또, 운명을 돌려 놓는다고도 한다. 이런 표현들은 모두 운명이라는 진정한 뜻을 모르는데서 생각하는 어정쩡한 표현들이다.

이 운명과 관련된 문제에서 호기심은 여러 가지 형태로 나타나는 경우가 많다. 점쟁이를 찾아가 점괘(占卦)를 통해서 자기 인생의 운명을 밝혀 보고자 하기도 하고, 그 외 관상, 수상, 족상, 작명개명, 사주팔자 등등의 호기심으로 인한 옳지 못한 예측들을 하려고 한다. 그런가 하면 어떤 경우에는 유명한 도사(道士)를 찾아가 보기도 하고 예언기도를 통해서 어떻더라는 짐작을 하는 예들도 있다. 여기서 우리는 생각해야 한다. 국회의원, 장관, 재벌가들이나 보통 평민들에 이르기까지 이런 식으로의 운명에 대한 호기심은 어린애처럼 어리석은 처사다. 왜냐하면 그분들이 찾아가 운명을 맡기려는 점쟁이나 도사 복술가 작명가 등등의 사람들은 그 찾아간 사람의 인생만도 못한 운명의 사람들이다. 자기만도 못한 인생을 찾아가 자기의 길흉화복을 점지 받는 것이 옳은 것인가? 생각해 봐야하지 않는가? 그토록 운명개척 방법을 잘 알고 있다면 자기 인생의 운명부터 고쳐서 자랑스럽게 살 것이지 왜 땡땡이 까까중 노릇을 하고 냄새나는 지하에서 안수의 능력을 자랑하고 있는 것인가? 인생의 운명은 호기심 정도의 갸날픈 궁여지책 정도로 좌지우지되는 것이 아니라, 생존을 책임진 조물주의 섭리를 깨닫고 발견하는 혜안이 요구되는 것이며 자기 인생 자체를 굳센 의지와 강건한 인내력으로 관리하면서 사는 것이다.

3. 관리능력

관리능력이라면 관리하는 힘을 말하는데, 인생이 자기 운명을 관리하는 능력이라는 표현을 다소 어패가 있는 것 같기도 하다. 그러나 여기서 관리

능력이라는 것은 극복력이라는 의미로 이해했으면 좋겠다. 인생이 일생을 사는 동안에는 헤아릴 수 없을 정도에 크고 작은 사건 또는 행복, 불행의 사건들이 무수히 교차되며, 이것들의 소낙비를 맞으면서 인생을 사는 것이다. 이런 피해갈 수 없는 운명의 고비 고비를 만날 때 어떤이는 극복을 현명하게 해서 행복한 결과를 경험하고 어떤이는 지혜로운 극복을 못해서 아픈 상처에 괴로운 화병을 가슴에 안고 살아가기도 한다.

가. 야속한 고비

인생의 삶 속에는 야속하리 만큼한 어려운 고비를 맞을 때가 있다. 이런 상황을 만나면 사람에 따라서는 억장이 무너지는 것 같은 충격을 느끼다가 땅을 치고 울기도 하고 세상을 원망하기도 하며, 태어난 것에 대한 불평, 부모에 대한 원망 등으로 이러지도 못하고 저러지도 못할 것 같은 상황에서 "세상아, 무너져라. 땅아, 꺼져라."라는 자학적 포기의 가슴을 치기도 한다. 그러나 인생에게는 생로병사(生老病死)라는 철칙적 운명에 의해 행복의 실패, 육체적 질병, 제물의 궁핍, 자식들의 눈물, 심리적 고통 등 하염없는 것 고비고비를 야속하리만큼 겪으면서 사는 것이 일생인 것이다.

나. 자랑스러운 언덕

어느 철학자가 인생을 말할 때 괴로움도 아니요. 즐거움도 아니며 그 중간이라고 말했듯이 인간의 운명 속에는 야속한 고비만 있는 것이 아니다. 등산객이 산꼭대기 올라서서 자기에 걸어온 아래 땅을 내려다보며 만족한 쾌감의 심호흡을 내쉬듯 자랑스러운 행복의 언덕에서 쾌감을 막끽하는 때도 있는 것이다. 성공, 형통, 행복, 만족 등등에서 오는 기쁨은 어느 백만장자나 영웅호걸이 부럽지 않을 만한 만족감인 것이다. 인간은 이런 심술쟁이의 장난 같은 운명에 매여 울고 웃고 또 웃고 울면서 살다 가는 것이다. 여기서 당부해 두고 싶은 말이 있다. "인생들아! 야속하다고 울다가 주저 앉지 말고, 살아 있다는 자신에 감사 할 것이며 행복하다고 웃다가 교만하지 말고 정신차리고 겸손하여 상처 입은 네 이웃에게 친구가 되어 주어라' 라고 권하고 싶다.

4. 운명을 굴복시켜라.

운명이 무엇인지는 글을 쓰는 나도 잘 모르겠다. '운명이 있느냐?' 를 말하기 전에 먼저 운(運)하면 언뜻 생각 할 때 좋은 의미로만 생각하는 것이 우리들의 선입견(先入見)이다. 그러나 운명(運命) 속에는 기쁜 것 괴로운 것이 포함되었다는 것을 전제로 하면서 여기서는 좋은 것에 대한 기대감을 인식하면서 생각에 보자. 인간은 운명을 쫓아다니면서 붙들려고 하면 운명의 노예가 되어질뿐 절대로 그 꼬리마저 잡히지 않을 것이다. 이런 사람은 어리석은 사람에 불과하다. 운명의 미소 짓는 손짓은 사막에서 신기루와 같은 것이기 때문이다. 운명을 개척하라는 어떤 좋은 말도 있지만 운명이 나를 찾아오도록 사는 인생을 택하는 방법이 현명할 것이다. 다시말해서 그대가 참말로 만물의 영장다운 인간이라면 운명을 앞세우지 말고 운명 앞에서 당당하게 걸어가면서 운명을 끌고 갈 수 있는 운명의 관리자가 되도록 살아야 할 것이다. 운명론자가 돼가지고 그 앞에서 쩔쩔매고 굽실굽실하려거든 "여보! 당신! 인간아! 인간됨의 사표장을 던져라"라고 하고 싶다. 이것은 너를 위해 필요하고 나를 위해 필요하며 우리를 위해 필요하며 곧 등장 할 후세들을 위해서도 필요한 것이다. 운명을 굴복시키고자 하는 기백을 당신에게서 보고자 한다.

제 8 장

최후적 승자

상경 욥기서 7장 8절에 보면 "처음은 미약하였으나 나중은창대하리라"라는 말씀이 있다. 그와 반대로 아침에 뜨는 태양은 이글이글 젊음의 용솟음처럼 솟아 오르지만 석양에 지는 해는 다소곳이 겸손하게 노을을 찬란하게 물들인다는 말도 있고, 쉬운 표현으로 용두사미(龍頭蛇尾)라는 한자 숙어도 있다. 어떻든 인간은 초년기나 중년기나를 막론하고 성공하여 행복하게 살아야 되겠지만 그 최후적 노년 인생이야말로 웃으면서 살다가 지구를 떠날 수 있을 때 최후적 승리자라고 아낌없이 말해 주고 싶다.

1. 부끄럽지 않은 인생

부끄럽지 않은 일생을 살도록 노력하게 되면 마무리도 자랑스럽게 할 수가 있을 것이다. 초년인생, 중년인생이 제 아무리 뜻깊게 살았다고 하더라도 최후 말년에 가서 실패하면 찢어진 휴지 쪽지가 길바닥에 뒹구는 것에 비유 할 수 있을 것이다. 명예, 지위, 신앙, 덕성 끝까지 지키라고 말하고 싶다. 인간이 평생토록 살다보면 어찌 잘못되는 부분이 없으리오 만은 그럼에도 불구하고 부끄럽지 않게 살아야 한다. 옳은 일, 선한 일, 진리의 삶, 이런 부분을 실천하며 살기도 시간이 부족하고 인생이 한없이 짧음을 느낀다. 그런데도 언제 시간이 있어서 악한 생활, 못된 짓, 자기의 욕구를 채우기 위해서 남에게 상처와 피해를 주며 사는가? 자기 인생 부끄럽게 살면 사람들에게 외면을 당하고, 하나님으로부터도 버림을 당하게 되는 것이다. 최후적 승리의 삶을 희망한다면 부끄러운 동아줄을 끊어라. 빨리 끊을수록 좋은 것이다. 생활상의 부끄러움, 사고방식이나 신앙상의 부끄러움 등등을 생각해야 한다. 당신 아집이나 그 못난 자존심이 당신의 인생을 책임져 주지 못한다는 것을 깨달아야 한다. 금수가 아니고 인간이라면 남에게 유익은 못 줘도 피해는 안 주고 살아야 될 것이 아니겠는가?

2. 당당한 죽음

죽고 싶다고 말하는 80대의 노인도 빨리 죽으면 섭섭해한다고 한다. 그뿐만 아니라 죽는 것을 싫어하고 죽음 앞에 무서워 떠는 모습들이 대개의 사람들의 정서다. 인간은 생존의 욕구를 속성으로 가졌기 때문에 나무랄 일은 아니다. 그러나 우리는 이제 냉정한 이성으로 생각 할 필요가 있다. 죽음은 싫고 무서워한다고 해서 죽음이 나를 피해가지 않는다. 인간의 자유의사와 관계없이 죽음은 사정없이 밀려 올 뿐이다. 당당한 죽음관에 대해서 몇가지 조항을 제시한다.

가. 죽음의 5단계

큐블러스라는 정신 심리학자는 의학적으로 사형선고를 받은 사람 200명을 인터뷰했는데 대체로 5단계를 걸쳐 그들의 죽음을 받아들였다고 한다.

1) 부정 – 나에겐 일어날 수 없는 일이라고 완강히 부정하여 거부하는 단계가 있었고,
2) 분노 – 하필 나에게 이런 일이 일어났느냐는 생각을 하며 분노하는 단계
3) 협상 – 하나님과 타협을 하는 단계인데 이 때의 타협은 만일 살려주신다면 어떻게 하겠다는 단계가 있다고 하며
4) 우울 – 더 이상 부정할 수 없음을 알고 임박한 죽음이라는 현실에 대해 체념과 허무를 느끼는 단계가 있는가 하면
5) 용납 – 조용히 죽음을 기다리는 최후적 마지막 단계가 있다라고 하였다.

100%가 다 이런 것은 아니겠지만 통계수치이니 참고가 되면 좋겠다. 어떻든 죽음 앞에 당당하고 행복하고 웃으면서 죽을 수 있는 여유와 준비가 필요하다.

나. 평소에 올바른 삶

죽음은 일생 동안의 삶을 평가받는 절차라고 한다. 부정하고 욕되게 일생을 살았다면 당당하지 못한 것이 당연한 결과다. 그런고로 정직하게 선량하게 공의롭게 살아야 최후 평가 절차인 죽음 앞에 떳떳할 수가 있는 것이다. 올바르게 산다고 하는 것은 쉽지는 않으나 못할 일도 아니다. 힘들어도 이겨내야하고 괴로워도 참아가면서 정의롭게 살아야 하고 이익이 없고 손해를 당하거나 애매하게 무시되어 억울함을 당해도 진리대로 살도록 노력해야 되며 울분스러워 감정이 아프더라도 인생을 멀리 보면서 선량하게 일생을 살아야된다. 재산 때문에 명예 때문에 어떤 아집이나 욕심 때문

에 반듯한 인생길을 굽게 한다면 대단히 어리석은 소치가 된다. 죽음의 때는 급하게 달려오고 있기 때문이다.

다. 죽음은 철칙임을 인식해야

죽음이 좋다는 사람은 없을 것이고 자살하는 사람도 못 살 것 같기에 죽는 것이지 죽음이 좋아서 생명을 끊지는 않을 것이다. 이처럼 죽음이란 당사자나 가족 친지들에게 한을 남기는 일이지만 어차피 못 피하고 가는 것, 영화를 송두리째 누리며 천하를 호령하던 제왕 장군들도 죽음과 무관한 사람이 없었다. 죽음 앞에 당당하려면 이와 같은 철칙을 바로 인식하고 겸손한 마음으로 일생을 정리하면서 신(神)께 귀의(歸依)하는 참 마음으로 살아야 하는 것이다.

라. 천국으로 가는 관문

물론 죽음은 천국으로 들어가는 관문 만이 아니고 지옥으로 들어가는 오솔길이기도 하다. 죽지 않은 사람이 없으며 죽지 않고서는 내세의 문이 열리지 않는다. 희비가 엇갈리는 통과 절차 문이기는 하지만 오늘 여기서는 천국에 이야기만 하자. 그러기에 앞에 있는 천국을 바라보면서 죽음을 승화된 영광으로 생각할 수 있도록 노력해야 한다. 천국에는 하나님이 계시고 그리스도가 계시며 일곱 영이 계신다. 뿐만 아니라 천군 천사들이 있으며 앞서간 성도들이 내가 오기를 기다리는 곳이다. 그곳은 태양보다 더 밝은 하나님의 영광의 빛이 충만하며, 기화요초 향기가 행복하게 진동하는 곳이며, 영생 과일이 시절을 좇아 열리며 기쁨과 즐거운 노래로 해가 뜨고 짐이 없는 곳이란다. 이곳을 향해 일생을 살아 왔으며 이제 그 관문 앞에서 왜 당당하지 못하겠는가?

마. 후회를 청산해야.

수명의 장단을 막론하고 일생 동안을 사는 평생에 후회 한번 안 했다고 하면 그 말을 참말로 진실이 아닐 것이다. 실수와 잘못을 경험하면서 사는 것이 인생이기 때문이다. 그런고로 우리들은 세월을 더해가면서 나이가 들어가면서 죽을 때가 가까웠다고 생각되면서부터 후회할 만한 과거를 청산하도록 노력해 가야 한다. 물론 죽음이란 예기치 못하는 시기에 닥쳐옴으로 항상 그에 대한 경계심을 가지고 살면 더욱 좋을 것이다.

1) **거짓되었던 과거가 있으면 거짓을 밝히고 솔직하게 자성해야 한다.** 체통이나 안면이 창피하고 부끄러운 것은 차후에 문제다. 그리고 손익 계산에 지장이 두려워 덮어두어서도 안 될 일이다. 거짓된 모습, 그런 흔적을 그대로 가지고 인생청산대인 죽음 앞에 설 수가 없다. 그러면 오솔길을 재촉하는 후회의 원통함이 있을 뿐이다.

2) **도적질한 과거가 있으면 토설하고 가야 된다.** 상황이 그랬었다고 핑계와 요령을 부리기엔 너무 때가 늦었다. 도적질 된 그 물건과 그 사건과 그 양심이 큰소리로 외친다. 내가 도적질 했을 때 그 도적질을 당한 상대는 괴로웠을 것이고, 아팠을 것이며, 가슴을 치고 몸부림을 치도록 한스러웠을지도 모른다. 그 아픔의 대한 책임을 지금이라도 돌이켜 생각하면서 누덕누덕 때가 된 당신의 인생을 늦게나마 깨끗하게 할 수 있도록 최선의 노력을 주저하지 말도록 해야한다.

3) **살인죄가 있으면 살신성인하는 자세로 과거를 청산하라.** 살인은 이유여하를 막론하고 금지된 사항이다. 애매한 살인과 고의적 살인은 구별이 될 것이다. 예를 들어 자기의 욕구를 충족시키려는 애매한 살인이 있을 수가 있는가 하면 고의적이고 정당성을 주장 할 수 있는 전쟁 중에 살인도 있을 수가 있다. 판단은 조물주가 하실 것이지만 구별 받기를 희망하는 것이 인간의 생각일 것이다. 살인은 생명을 끝는 것이 살인이지만 타

인을 모함하거나 시기, 질투, 미움 행패 등 오만 불손한 행위 등을 포함한다. 이토록 소름끼치는 과거의 살인 행위를 그냥 가지고 죽음의 단두대에 설 수가 없다. 급하게 서둘러 살인에 대한 책임 된 청산을 어떤 방법으로든지 해야한나.

4) **범죄한 과거는 양심을 걸고 자진해서 청산해야 한다.** 범죄라고 하면 범위가 없고 가지 수가 많아서 어떤 종목에나 적용시킬까 망설여질 수 있다. 모든 것이 잘못된 것은 범죄이기 때문에 그런 것이다. 그런고로 여기에서 말하는 범죄 문제는 조물주 되시는 하나님께 불순종한 것에 대해서라고 규정 짓고 싶다. 인간은 세상에 나서 죽을 때까지 진심을 다 바쳐서 조물주께 순종을 바쳐도 그 은혜에 대하여 황송스러울 뿐이거늘 이 핑계 저 이유를 빙자하여 오만방자한 불순종의 범죄를 밥 먹듯이 자행한 과거가 있다면 촌각을 지체해서는 안된다.

가) 악질적인 범죄자들이었다.

악질적인 범죄자들이란 사상적으로 무신론주의로 하나님(神)이 없다고 주장 전파하며 하나님을 무시했을 뿐만 아니라, 갖은 우상, 잡신, 귀신들로 하나님을 삼고 조물주를 대적한 족속들과 행위적으로 살인, 강도질 등으로 인간되기를 포기했던 부류들을 가리키는 표현이다. 어찌하다 이토록 막가는 인생으로 살았던가?

나) 평범한 범죄자들

이 사람들은 불순종의 범죄자들인 것이다. 인생을 살면서 자기 편리대로 처신하고 행동한 이기적 편리주의자들인 것이다. 누가 이렇다 할 때와 누가 저렇다 할 때 자기 이익을 저울질 하면서 어떤 때는 이렇게 어떤 때는 저렇게 등 거리 범죄를 오락가락한 인간들인 것이다. 별 큰 문제가 아닌 것 같으면서도 잡초인생 내지는 독초같은 암세포를 세상속에 확산시킨 자들이다. 박쥐같은 흡혈귀로 의로운 피를 사정없이 빨아먹어서 정의 사회가 고사되도록 만든 인간들이다.

다) 거룩한 범죄자들

양의 가죽을 뒤집어 쓰고 양인 척하면서 양떼 속에 머물면서 양을 하나하나 잡아 먹는 늑대나 이리에 비유 할 수 있는 인간들이다. 겉으로는 선생이요, 지도자요, 선지자요, 사명자라고 하면서 욕심, 아집, 오만불손, 자기 향락, 거짓, 화인 맞은 양심 등 온갖 비리 타락질들을 거룩한 사역의 명분을 빌어 하는 족속들이다. 설교하는 목사 설법하는 중이나 사제 등 종교 지도자들 중에 있는 자들이며 이들의 공통점은 하나님 예수 그리스도를 최대로 이용해 먹는 자들 혹 부처님 석가 여래를 망향끝 이용하는 고등 우범자들로 교권(종교권력)을 있는대로 휘둘러 선량한 신도들을 우롱하는 짓을 한다. 그 앞에서 할렐루야! 아멘, 나무아미타불 관세염 보살을 되뇌이며 복을 받을 줄 믿는 외식적인 지도자들이 있다. 더 기가 막힌 사실은 이런 가증스러운 일을 더 잘하는 중이나 목사들이 뛰어난 인물로 인정을 받는다는데 있다. 천인공노할 일들인데 그것이 그냥 지나간다. 조물주 하나님이 몰라서 그냥 두시겠는가? 급하다. 속히 당신 과거를 청산하라. 거룩한 범죄자들의 부류들 속에는 이들뿐만 아니다. 국민을 선동하여 자신의 입신양명을 도모하는 정치꾼들 그리고 선생, 교수 등 공인된 책임을 지고 인생을 선도한다는 자들 중에도 그 부류에 물든 자들도 있다. 양심을 설파하고 진리를 깨우쳐야 할 지도자나 스승들이 소시민적인 이기주의나 파벌의식에 병이 들어 선량한 백성들과 커가는 제자들에게 지도자와 스승되기를 포기한 악질 인간들이 판을 치는 세상이다. 이런 종류의 인간들! 조속히 과거를 청산하고 후회할 만한 부분이 줄어들도록 반성한 연후에 죽음 앞에 서라, 이것은 나이가 늙고 젊고를 떠나서 시급성의 필연으로 생각해야 할 것이다. 남루한 옷자락 사이로 속살이 드러남을 모르고 자기 욕구적 감정에 몰두해 시장 바닥을 뛰어다니는 사람은 필경 미친 인간이 아니면 있을 수 없는 일이다.

바. 죽음을 받아 드려라

죽을 때가 되면 인간은 죽음을 받아들이는 것이 순리이다. 죽음은 철칙이기 때문에 죽음은 피해 갈 수가 없다. 내가 환영하든 배척하든 내 의사와는 동의해 죽지 않는다. 그런고로 안 죽으려고 몸부림치지 말고 긍정적으로 기분좋게 받아들여야 할 것이다.

1) 성스러운 죽음

이 죽음은 내세(천국)에 대하여 확신을 가지고 살다가 영원한 행복의 나라를 바라보면서 웃으면서 죽는 모습이다. 이런 죽음은 시체가 되어져도 별로 경계심이나 무섭다거나 소름이 끼쳐지는 예가 없고 살았을 때와 별다름의 느낌이 생기지 않는다. 이런 죽음이 흔하지 않으나 있는 사례다. 천사들의 노래 소리와 앞서간 성도들의 환영하는 소리를 듣는 사람처럼 생각되기도 한다. 나나 너나 우리 모두의 죽음이 이렇게 되었으면 하는 소망을 갖어 본다.

2) 보통 죽음

조용하게 눈을 감으면서 자기 할 말을 다 하면서 간다. 눈언저리에서 소리없는 눈물 줄기가 조르르 흐르면서 죽는 사람도 더러는 있기도 하다. 세상에 대해 가족, 친지들이나 자녀들에 대해 모두가 이해해고 떠나는 사람 같으며, 이생과 저 생의 강물인가 언덕인가? 그 과정을 넘는 죽음의 과정은 눈물 줄기가 흐르도록 힘드는 과정같이 느껴지기도 한다. 성스럽게 죽는 사람의 시신은 이상하도록 부드러운 것에 비해 보통으로 죽는 이의 시신은 서서히 식어가면서 빨리 굳어간다.

3) 흉악한 죽음

몸부림을 친다. 괴악한 소리를 지르기도 하고 눈을 감았다 떳다하면서 소름끼치는 짓을 할 때는 얼굴표정이 보통 때의 안색을 잃는다. 소름끼치는 짓을 할 때는 흉악하기도하고 무섭기도 하며 있는 정마저 다

떨어질 지경에 이른다. 짐작하건데 마귀가 무서운 나머지, 안 따라가려는 몸부림이고 무서워서 지르는 괴성이라고 생각되기도 한다. 오랫동안 아파서 쇠약한 몸으로 몸부림을 치는 것을 보면 그것도 자기의 힘이 아닌 것 같이 느껴지기도 한다. 나의 죽음의 모습은 보는 이들에게 어떤 느낌으로 추억되게 할까? 자못, 관심을 갖어야 할 것이다.

3. 아까운 인생

인간을 가르켜서 '아까운 인생'이라고 한 말부터가 조금은 이상한 것 같고 어떻게 보면 오만불손한 표현이라고 말 할 수도 있을 것 같다. 왜냐하면 인간은 내 것이 아니며 조물주의 것인고로 인간의 생사화복이 조물주께 있는 것이기 때문에 피조물로써는 여타한 평가도 자격이 주어지지 않은 것이기 때문이다. 어떻든 주어진 말에 대해서 생각해 보자.

가. 인생은 짧은 것

많은 사람들이 이구동성(異口同聲)으로 인생은 짧다고들 한다. 왜 그럴까? 짧기 때문에 아깝다는 것인가? 사실 인간의 수명이 현실적으로도 70-80세를 산다. 결코 생각해 보면 짧은 세월이라고는 할 수 없을 것이다. 성경에 나오는 인물 중에 '므두셀라'는 969세를 살았다고 하며 동방석이는 회갑을 3천번 지났다는 전설 얘기도 있다. 그들에 비해서 생각하니 짧다는 것인가? 그것보다도 인생이 짧다는 것은 세월의 흐름을 알고 인생의 늙어 감을 볼 수 있기 때문이라고 생각할 수 있다. 꿈 많은 세상에 그 꿈을 다 이루지 못하고 끝나게 되니 아쉬워서 하는 말들이라고 이해하면 좋겠다. 사람 외에 어떤 피조물도 세월의 흐름을 알고 못 이룬 꿈(희망포함)에 대하여 아쉬워하는 자가 없다. 꽃피는 청춘 화려한 장년기를 연장하지 못함에서 온 아쉬운 표현이겠다.

나. 유한성

인간의 삶은 한계가 있다. 세월은 무한하시난 인생은 유한하다. 강물의 흐름을 보고 인생의 무상을 느끼는 것은 당신 인간이 유한한 존재의 비해 강물의 흐름은 세월의 동반자되어 무한히 흐르기 때문이다. 인간은 수명에도 한계가 있고 능력에도 한계가 있다. 향락 속에 사는 삶이 영원토록 지속되기를 바라지만 조물주는 그것을 허락하지 않으셨다. 떳다가 지는 해는 그 반복이 영원성이고 가냘픈 나뭇잎은 떨어졌다가 다시 나지만 인간은 가면 돌아오지 못하는 단회적인 삶일 뿐이다.

다. 혼자서는 못 살아

인간이 혼자 산다는 것을 찬양하기 위해서가 아니며 또 혼자 살아야겠다고 해서 하는 말이 아니다. 어떤 의미로 보면 인간은 너무나도 가혹하도록 무엇인가에 억매인 채로 부자유하게 사는 존재다. 다시 말해서 인간은 자기 자신을 위해 살 수도 없고, 자기 자신을 위해서 죽을 수도 없는 존재이다. 무엇 때문에 누구 때문에 또 어떤 것 이것저것 때문이라고 변명아닌 사실을 중얼거리면서 자유 없음을 탓해 보지만 어찌하랴! 가족들에게 붙들리고 자식에게 붙들리고 타인에게 붙들려 체통이나 어떤 사정에 묶여 일거리에 붙들리고 책임감에 족쇄가 되어 아까운 인생을 타(他)를 위해 소모되는 안타까운 존재이기도 하다.

라, 불안한 존재

인간인 나의 삶이 항상 행복하고 즐겁게만 살아질 수만 있다면 얼마나 좋겠는가? 그것은 이상일 뿐 현실은 그것을 허용해 주지 않는다. 의, 식,

주를 위한다는 일 말고도 산다고 하는 그 자체가 얽히고설킨 잡다한 문제와 사건들로 복잡하게 엉크러져 심리적 불안은 인생의 주변에서 멀어지지 않는다. 이와 같은 인간에 불안한 문제성들은 돈이 있어도 명예나 권세가 있어도 불안은 두려워하지 않는가. 청순하고 정직하고 정의롭게 산다고 해도 불안한 요소는 없어지지 않는다. 식자우환(識字憂患)이라는 말이 있다. 지식이 많을수록 고민이 많다는 뜻일 것이다. 없는 사람은 없어서 불안하고, 있는 사람은 있어서 불안하고, 배운 사람은 배워서 불안한 것이며, 혼자는 외로워서 불안하고, 여럿이면 문제가 많아서 불안한 것이다. 웃으면서 행복하게 살기도 세월이 모자라거늘 불안한 인생을 살자니 인생이 너무나도 아까운 생각이 든다.

마. 못 이룬 꿈이 많아서

밝은 세상에 태어나 청운의 꿈을 안고 살면서 하고 싶은 것 많고 이루고 싶었던 것들이 태산 같았으나, 석양에 지는 해처럼 노을진 삶을 뒤돌아보다보면 청춘이 아쉽고 장년이 꿈결 같았고 늙음이 쏜살같다는 것을 느낄 때가 있다. 못다 이룬 꿈, 하지 못한 일들, 미완성 된 사연들이 너무나도 많이들 쌓였다. 재탕 인생을 살 수 있었으면 좋겠는 걸 하는 넋두리 같은 말을 중얼거리지만 결국 세월의 아까움을 생각할 때쯤 되면 인간은 이미 늦어 있었다.

바. 되돌릴 수 없는 발길

나뭇잎은 떨어졌다가 내년에 다시 소생할 수가 있지만 인생은 한번 살아버린 세월을 되돌릴 수 없고 또 다시 내년에 다시 사는 예가 없다. 무정한 세월이고 야속한 아픔이기도 한 것이다. 모래밭에 쏟은 물은 퍼 담을 수 없듯이 지나간 청춘을 불러 올 수 없는 것이다. 방방곡곡 대로에서 화려하게 질주하던 고급 승용차들도 폐차장 구석에서 찌부러진 채 녹슬어가지만 그도 그 생애를 되돌릴 수가 없었다. 영웅호걸 절세가인들이 한 때를 호령하고 세대를 풍미했지만 되돌릴 수 없는 인생임을 어찌하랴 아! 아까운 인생이어라!

4. 꽃 피는 웃음

사람이 일생동안을 다 살고 수명을 거두려는 순간에 다다르는 것을 보면 승자냐? 패자냐? 하는 것을 분간 할 수 있게 한다. 누가 성공적 인생을 살았는가? 혹은 누가 실패한 인생을 살았는가? 이리뛰고 저리뛰고 동분서주하면서 떵떵거리고 살 때는 자기자신이 제일 위대한 성공을 거두는 사람인 것 같았으나 이쯤되면 모두가 허와 실이 드러나 보여지는 것이다. 웃음꽃이 되는 안생(安生)으로 마지막 숨을 거두는 최후의 승리자는 누굴까?

가. 후회 없이 산 사람

가끔가다가 한두 가지 사건에 의한 것이 아니고 일생동안의 삶을 후회없이 산다는 것은 어렵고 힘든 일이고 어찌보면 불가능한 말장난 같은자 말일 수도 있는 것이다. 그런고로 여기서는 무엇을 완성했다는데 대해서가 아니라 완성하려고 했었다는 것에 대해서라고 해야겠다.

1) 최선을 다 해야.

인간은 어떤 것에 대한 완성이란 능력에 한계가 있기 때문에 신(神)이 아니라 그렇다. 주어진 환경 주어진 입장 주어진 여건 주어진 달란트에 대해서 진실성 있게 최선을 다한 생활인이었다면 대단히 떳떳하고 자부심도 확실할 것이다. 부끄러울 것이 없고 위축당할 일도 없다. 고개

숙인 일도 전혀 없어야하고 상당히 당당하고 자랑스러울 것이다. 자기 할 일에 충성한 사람이기 때문에 그렇다.

2) 공익적인 삶을 살아야.

내가 있으니까 세상이 있는 것이 아니다. 세상이 있기 때문에 내가 존재하는 것이다. 사리사욕에 얽매이지 않고 우리라는 개념으로 다수를 위하고 불특정 인류를 위해 작은 자신을 양보하고 봉사했고 희생했다면 엄청나리만큼 귀감이 된 표본인생이다. 한방울의 물방울이 모여 개울물을 만들고 개울물이 모여 냇물을 만들며 냇물이 모이면 강이 되고 강들이 합쳐져서 바다를 이루는 것인 것을 바다가 쪼개져서 한방울의 물을 만든다는 비상식과 비진리에 동감하지 아니했다. 이런 종말은 꽃이 되는 웃음일 것이다.

3) 강자일 때 약자의 편이 되어준 사람

강자일 때 강자의 힘으로 약자를 잡아먹으면 누가 꽃피는 웃음으로 보아 주겠는가? 예수 그리스도는 말씀하시기를 "섬김을 받으려고 세상에 온 것이 아니고 섬기려고 왔다."라고 하셨다. 힘있고 큰소리치며 살 때 약자를 도와주고 사랑하고 위로하여 준다면 그런 사람은 만인의 형제와 자매이며 친구와 이웃이 될 것이다. 이런 사람은 마음이 평화롭고 생각이 안정되었으며 죽음앞에서도 후회없는 삶의 대가로 웃으면서 눈을 감을 수 있는 것이다.

4) 선한 삶을 위해 노력 했어야.

인간은 악을 위해 태어나지 아니했다. 하나님의 형상으로 출생한 인간은 일생동안 하나님의 창조 섭리에 부합되도록 선을 행할 책무가 주어진 것이다. 그럼에도 불구하고 악을 도모하다가 후회막급한 종말을 맞이하는 이들이 있다. 어떤 이유로서도 선하지 못하면 불행이다.

가) 하나님을 잘 섬김이 최선이다. 그의 섭리 그의 뜻 말씀 등을 지키며 전하면서 그의 진리대로 일상생활을 하는 것이 최선일 것이다. 그

는(하나님) 창조자이시며 인생의 생사화복권을 쥐고 있으며 어떤 때는 주기도 하고 어떤 때는 뺏어가기도 한다.

나) **부모에게 효도가 최선이다.** 자식은 부모에게 효도해야 된다. 부모는 세상에서 제일 위대한 분이다. 나의 존재의 뿌리이며 생명의 근본이다. 그리고 효도는 하나님의 명령이다. 효자 중에 악인이 없다는 말도 있을 정도이다.

다) **인명이 귀한 줄 알아야.** 사람의 생명은 천금보다귀 한 것이다. 인명은 저절로 생긴 것이 아니고 하나님의 최고 창조의 걸작품인 고로 하나님이 아끼시는 존재다. 그런고로 서로 존중하며 사랑하며 귀하게 생각하면서 실도록 노력하는 것이다.

라) **만물은 사람을 위해 주신 것.** 창조 만물은 창조자로부터 관리권을 이양 받았다. 그런고로 만물을 귀하게 생각하면서 필요할 때 가져야 하고 요긴하게 활용해야 하는 것이다. 모든 만물은 귀하고 천한 것이 따로 있는 것이 아니라 삶에 적용하기 나름이다. 선한 생활의 소유자는 모든 것을 사랑하고 모든 것을 귀하게 생각한다. 이상과 같이 선한 삶을 위해 산사람은 죽음 앞에서 후회가 없고 웃음으로 눈을 감을 수 있을 것이다.

나. 하나님의 나라를 바라봄.

죽음 앞에서 숨을 거두려는 사람에 눈앞에 무엇이 보이겠는가? 육신은 눈은 감겨져서 삼라만상(森羅萬象)을 그만 봐야 되겠지만 이제부터는 신령한 영혼의 눈으로 자기의 갈 곳인 하나님의 나라를 볼 수 있는 것이다. 그렇게 된다면 그는 꽃 피는 웃음의 주인공이 될 것이다. 고통스러운 다음 세상이 보이지 않도록 일상생활 속에서 준비해 둬야 할 것이다.

1) **하나님을 볼 수 있음.**

하나님이란 이름은 세상에 사는 동안 수없이 많이 들어왔고 말해왔기도 했을 것이다. 종교와 사상을 초월하여 그리고 신, 불신을 막론하고 동서양의 잘살고 못사는 것을 불문하고 못 들어본 말은 아닐 것이다. 그는 조물주로써 세상과 만물을 창조하시고 인간의 삶을 감독하시면서 상선벌악(常膳罰惡)을 하시는 유일하신 인간과 만물의 통치자셨다. 그 하나님을 직접 볼 수 있는 곳이 죽은 후에 갈 수 있는 하나님의 나라다.

2) **천사들을 봄.**

예수그리스도는 성자(省子) 하나님으로 창조하실 때 성령과 함께 삼위가 동역하신 하나님의 아들이시다. 인류를 구원하신 하나님이시고 심판주로 오실 구세주시다. 그는 지금도 하나님 우편에 앉으셔서 불쌍한 중생들을 위한 대변 기도를 하신다고 하셨다. 천군은 하늘나라 군사이며 천사들은 하나님을 수종드는 거룩한 무리인 것이다. 그들은 하나님을 찬양하며 세세토록 영관을 돌리는 무리다.

3) **앞서간 선열들을 만남**

세상에서 살다가 그 영혼이 구원되어 지금은 하나님 나라에서 영생복락을 누리고 있는 선열들을 만나는 것이다. 재회 일 수도 있고 초면일 수도 있겠지만 모두가 하나님을 위해 있는 영원한 행복자들이다.

4) **천국에 환경을 볼 것**

천국은 세상과 환경상을 구별된다. 살기위한 생존경쟁이 필요치 않으며 의, 식, 주나 질병 고통 성공 실패가 필요치 않은 곳이다. 오직 기쁨과 행복으로만 가득찬 곳으로 온통 세상에서는 이름도 모를 진주보석으로 꾸며져 있으며 기화요초의 향기와 생명수 생명과가 부족하지 않은 곳으로 내 것과 네 것의 구별이 없고 오직 하나님이 주인이실 뿐이다. 하나님의 영광의 빛으로 밤과 낮의 구별이 없으며 찬양과 웃음으로 세세토록 지속되는 곳이다. 이런 곳을 볼 수 있을 때가 인간의 죽음으로 세상을 작별하는 순간 동시에 찾아오는 것이며 어찌 죽음을 아프다고 말 할 수 있으며 꽃피는 웃음의 입문의 시간이 아닐 수가 있겠는가? 인간아! 너는 무엇을 바라보고 살고 있는가? 하고 깊이 생각해야 한다.

다. 천사들의 안내를 받는다.

천사는 영물이다 영물인 고로 세상에서는 천사에 대해서 신령하게 생각하며 때로는 천사의 지시를 받는다. 물론 하나님의 심부름꾼이기 때문이다. 그러나 인간이 구원함을 얻어 천국 시민이 된다면 천사들은 하나님의 수종드는 집사들로 하나님의 자녀가 되는 인간의 영혼들을 수종든다. 신분 차별은 없으나 하는 일에 구별은 이렇듯 크게 달라지는 것이다. 천군들이 호위하고 천사들이 옹위 영접하는 아주 귀한 대관식 같은 영접의 현상에 동참하는 것이다.

라. 예수 그리스도를 알현한다.

예수그리스도는 33년간 세상에 머물면서 인간들과 인간적으로 교제한 세월이 있었다. 죄인들에게 버림받아 고통, 질고, 핍박, 아픔 등 죽음까지 경험하신 곳이다. 그는 지금 하나님의 나라에 주인으로써 만물, 만인을 통치하신 하늘나라와 지상을 겸하여 관리하시는 입장이다. 인간이 죽은 후에 영혼은 그 분을 찾아가 겸손한 예로 일현하는 것이다. 인간 생활로써의 잘못했던 점과, 지금의 영광을 송두리째 그에게 의탁드리는 것이다. 그(그리스도)는 천국에 들어간 인간에게 사랑하는 형제라고 하실 것이고, 못 박힌 손과 피흐르는 가슴으로 쓰다듬으면서 안아주실 것이다. 만 가지의 수심과 인생고의 시달림을 훨훨 털고 천국백성으로써의 영원한 복락을 누리는 주체자가 될 것이다.

5. 천상재회

짧던 길던 세상에서 함께 만난 인연으로 살다가 어떤 이유에서든 헤어짐의 이별을 했다. 아픔이 있었고, 후회도 있었고, 괴로움도 눈물도 한 없이 흘린 관계도 있을 것이다. 못다하는 사랑이 아쉬워 장난 같은 인연을 원망하기까지 했을지도 모른다. 흐느끼는 눈물로 천상재회를 다짐했던 아픈 사연 간직한 이들도 있을 것이다.

부모와 자식간에 아픈 이별 부부지간에 있었던 애달픈 이별, 형제지간에 숭고한 이별, 친구지간에 애석한 이별, 이웃지간의 불쌍한 이별들, 가닥가닥 얽힌 사연들을 풀지 못한 체, 한 많은 세상에 아픈 상처들을 가슴에 묻고 오늘이 오기를 기다리던 중생(衆生)들이었다.

꽃 피는 웃음으로 숨을 거두면서 그리웠던 지상의 인연들을 다시 만나는 천상 재회의 희락의 눈물이 있을 것인가? 이제는 이별이 없다. 아쉬운 헤어짐이 없는 곳, 아픔과 고뇌도 없는 곳, 여기서는 못다하는 삶이나 상처 받는 사랑이 있을 수 없는 곳이다.

천상 재회는 영원한 만남이며 복락의 세월이 중단되지 않는 기쁨의 처소이다. 빛의 옷을 입고 살며 행복으로 밥을 먹으며 생명으로 살을 찌우는 영원한 천상재회!! 찬양과 노래로 화답하는 천상의 삶인 것이다.

여봐라!!

여기 최후 승리한 인간이 승리의 면류관을 썼다. 라고 말 할 수 있을 것이다.

제 9 장

에이! 인간아

여기까지 써온 것은 가장 인간됨의 기본인 것이다. 가닥은 있을 수 있으나 기본 줄거리는 잡아 왔다고 자부한다. 100%의 삶에 기대는 불문하고 이렇게 실천하면서 살면 세상은 훨씬 좋아질 것이다. 세상이 악해지고 선해지는 것은 어느 특정 인간의 책임이 아닐 것이지만 당대의 지도자들의 처신여하에 따라서는 크게 그 모습이 달라질 수가 있다. 좋은 세상 만들어 주기를 기대했던 지도자급(指導者給) 인간들에 의해 세상의 어두움이 더 크게 짙어졌다. 그대들을 향해 토해내는 백성들의 질문에 대해서 어떻게 대답할 것인가?

1. 자네가 대통령(大統領)이신가?

대통령은 국민의 대표자이며 국가지도자의 일인자이며 국가의 실제적 상징의 얼굴인 것이다. 대통령이 소임을 다할 때 국운이 융숭하며 후손만대에 행복을 물려 줄 수가 있는 것이다. 여기서 대통령다운 소임 몇 가지를 소개한다.

가. 건강해야 한다.

건강이 필요하다는 것은 비단 대통령뿐만이 아니지만 그 누구보다 대통령은 건강한 체력을 유지 할 수 있어야 할 것이다. 대통령은 국민의 안위와 행복을 책임진 총수이기에 그렇고, 체력이 건강할 때 정신 건강에 큰 힘이 된다. 대통령이 정신이 건강해야 훌륭하고 건전한 사고를 할 수 있다. 건강한 사고를 할 줄 알 때 국리민복에 열중할 수가 있기 때문이다. 예컨대 자기 건강 자기 사고 하나 바르지 못할 때 무슨 국민의 행복을 말하겠는가? 물론 신체적 건강에 이상이 있었던 분들도 훌륭한 흔적을 남긴 분들이 있기는 하지만 그것은 특예에 속한다.

나. 가정이 평안해야 한다.

아주 평범한 이야기지만 대통령도 인간이며 대통령이기 전에 한 지아비이며 아들과 딸들의 아버지로 가장인 것이다. 가장이 가솔들을 책임지고 행복하게 사는 모습이야 말로 국민의 귀감이고 아름다운 모습이다. 그러므로 국민들에게 행복한 가정을 만들라고 말할 수 있다. 사람 마음대로 다 되는 것은 아니지만 최소한도로 대통령은 행복한 가정에 대한 책무감도 느껴야 한다. 국사에 바빠서라는 핑계일 뿐이다. 대통령이 자식관리 잘못해서 자식들이 불량해진다면 아버지의 체통에 누가되는 것도 대통령 자신에 책임일 수 있다.

다. 국헌을 준수해야 한다.

국헌은 나라의 국법이다. 대통령일수록 국법을 준수하여 질서있는 나라의 초석을 놔야 한다. 선진국일수록 대통령이 국법을 잘지키지만 후진국으로 내려 갈수록 대통령이 국법을 무시하는 경향이 많다. 사리사욕에 눈이 어두워 국가 공법을 무시하게 되면 국가는 무질서의 지옥으로 혼돈이 계속된다. 법을 지키는 문제에서도 국민에게 준법질서를 선언 할 수 있는 실천자가 되야 한다. 국민 총수인 대통령이 불법 비법 탈법을 저지르면 장관 지방자치장, 국회의원 정당원들도 따라한다. 그렇게 되면 국가 질서는 엉망진창이 된다 그 책임이 누구겠는가? 우선은 좀 힘들어도 헌법을 비롯한 모든 법을 지키고 법을 지키지 않는 추종자에게 엄격한 제한을 가하면 그 대통령은 역사에 남는 영웅이 될 것이다.

라. 국방을 튼튼히 해야 한다.

어느 나라이건 간에 그 나라는 국경선이라는 한계 규정선이 있어, 네 나라 내 나라라는 표시를 하고 그 선을 지키는 국방정책과 국방군이 있는 것이다. 함부로 이웃나라의 국경선을 침략하지도 말 것이지만 애매하게 내 나라를 침략 받아서도 안된다. 그래서 외교가 필요하고 국방군이 필요하며 강력한 군사력을 유지하는 것이다. 비밀로 침략하는 간첩, 숨었다가 나타나는 게릴라, 호시탐탐 침략하는 전쟁군 전면전, 지역전, 일시전 등등에 침략행위를 과감하게 격퇴하고 국토와 국민의 안전 보장을 책임져서 마음 놓고 생업과 행복에 전심 할 수 있도록 하는 것이 대통령의 권리요. 책무인 것이다.

마. 경제를 부흥시켜야 한다.

인간이 살아가거나 국가를 경영하는데에 경제 부흥이란 제2의 건국이라고도 할 수 있다. 흥국강병을 이루는 비결도 경제적 축적에 토양 위에서 꽃피는 것이다. 산업을 발달케하고 대동단결하는 힘으로 부지런함과 노력을 경주케하고 퇴폐와 낭비를 절제케 함으로 잘사는 국가사회를 이룩하는 것이 대통령의 일이다.

바. 권력을 선용해야 한다.

대통령에게는 정도의 차이는 있어도 막강한 권력이 주어지는 것이다. 그 나라의 군사력 경찰력 검찰권 정치권세 등 나는 새도 떨어트릴 수 있는 권력이다. 미개한 국가로 내려갈수록 대통령(왕이나 수상)은 엄청난 권력의 소유자가 된다. 이처럼 막대한 권력을 선용할 줄 아는 대통령의 나라는 선진국에 속한다.

1) 국민의 행복과 민족의 번영을 위해 사용해야 한다.

대통령에게 그와 같은 권력을 허락한 것은 위로는 하나님이셨고, 땅에서는 국민이넜다. 그에게 권력을 맡긴 것은 그 나라 국민이나 민족의 행복을 책임 지운다는 뜻이었다. 명실공히 지혜로운 대통령은 그 뜻을 망각하지 않는다.

2) 국민 각자의 평화를 위해 사용해야 한다.

각계각층 지연, 학연, 혈연 등이 있을 수 있고 빈부귀천, 남녀노소, 유무식을 막론하고 모든 국민의 정서가 평화롭게 살 수 있도록 하기 위해 주어진 권력이기 때문이다.

3) 국토를 준수하고 국권을 튼튼하게 하는데 사용해야 한다.

대통령은 그 나라를 관리 할 관리권을 위임받은 자다. 그런고로 그 관리에 충실하여 안으로는 경제적 부강과 의식수준을 향상 시키고 행복의 질을 높이게 하고, 밖으로는 국위선양의 진취적 외교를 다져야한다.

4) 공정한 정책을 수립 실천해야 한다.

공정성이란 대통령이 하는 정책의 영향이 국민 모두에게 골고루 전달되도록 해야하며 신분의 차별이나 지역에 차등이 있어서는 안된다. 합당한 정책을 만들 뿐 만 아니라 강력하게 실천하는 힘있는 권력이 필요하다. 공약(公約)이 공약(空約)이 되어서는 안되며, 국민이 대통령을 신뢰할 수 있게 해야 한다.

5) 역사를 보는 정치를 해야 한다.

역사는 하루 아침에 만들어지지 않지만 하루 아침에 매몰되지도 않는다. 역사에 수종들던 인간은 가지만 그를 통하여 이어져간 역사는 영원한 것이다. 또한 역사는 당시에나 당대에는 올바른 평가가 어렵다. 세월이 지나고 세대가 바뀐 후에 두고 두고 평가되기도 하고 퇴색되기도 하는 것이다. 대통령이 그 직을 수행할 때 깊은 사색과 음미가 있어야 할 것이며 역사를 보는 혜안이 있어야 할 것이다. 역사는 기다려 주지 않으면서도 준엄한 책무감도 철저하게 요구하는 것이다. 발등에 떨어진 문제에 연연하여 역사를 망각하면 안될 것이다.

6) 국민을 자기 가솔로 생각하며 아끼고 사랑해야 한다.

대통령은 국민의 선택에 의해 만들어지는 국민의 대표요, 국가의 얼굴이다. 자기를 자기 되게 해준 국민을 외면하면 안 되는 일이다. 그리고 진실성 있게 따뜻한 가슴과 공의로운 영도가 국민을 사랑하는 길이다. 옳은 것은 옳다하고 그른 것은 그르다 하면서 안 될 것은 안 되고 될 것은 속히 되게 하도록 결단해야 한다. 대통령의 어른다운 의젓함을 보일 때 국민은 비난을 하다가도 신뢰하고 승복하는 것이다.

7) 민족적 유산을 빛나게 해야 한다.

나라마다, 그 민족적인 유산은 많다. 유형이든 무형이든 유산은 그 민족의 문화요, 삶이요, 생활이며, 자산이며, 존재의 가치를 지닌 역사적 보물인 것이다. 대통령은 임기가 끝나면 야인으로 돌아가 살다가 죽지만 민족의 유산은 항상 그 자리에서 빛나는 민족적 상징이 되는 것이다. 그렇기 때문에 대통령의 책무 중에 그 하나가 민족 문화를 빛나게 하는 것인데, 그것은 어느 것을 양보하고 희생해서라도 지켜져야 되고 빛나도록 할 수 있어야 한다. 우리나라는 5000년 역사에 빛나는 민족의 유산을 간직한 훌륭한 민족이다.

사. 예측가능한 내일을 제시해야 한다

내일이 없는 오늘은 불행한 날이다. 앞이 보이지 않는다고 할 때 흔히 '안개꼈다'라고 한다. 대통령은 국민들에게 내일을 예측하며 희망차게 살아갈 수 있도록 예측 가능한 삶을 제시해 줘야 한다. 여기에 예측가능이란? 과학적 이해, 보편적 상식, 실제적 생활로 이어질수 있는 예측 가능이어야 한다. 다시 말해서 허황스러운 연설이나 충동적 발언이나 변명을 해서는 안된다는 것이다.

1) 정치적인 면에서 예측이 가능해야 한다.

정치는 잘하든 잘못하든 부정할 수 없는 삶에 현실이면 어느 특정 집단의 전유물만도 아니다. 이와 같은 정치가 안개 속에 숨으면 국민은 무질서의 늪을 헤쳐나오지 못하며 행복을 잃어버리게 되고 국가의 운영은 좌초에 부딪힌다. 신뢰성 있는 정치 사고를 정립하여 국민사고의 조화와 협력을 얻을 때 앞날의 정치가 예측된다.

2) 경제 유통에 예측이 가능해야 한다.

경제는 인간에게 있어서 행복하게 살 수 있게 하는 한쪽의 축이다. 그런고로 경제가 어두워진 국민은 불안해하며 오늘의 힘든 고난을 이겨낼 수 있는 자신감을 잃는다 풍요로운 현실을 안겨주면 최상일 것이다. 힘들더라도 내일이 보이면 오늘을 극복하는 의지와 용기가 생긴다. 경제 예측가능의 제시에는 수치에 맞는 자료와 경영마인드, 그리고 대통령의 경제철학과 실천적 경제 프로그램이 분명해야 할 것이다.

3) 삶에 질 예측이 가능해야 한다.

국민의 삶의 질이 높아질수록 선진국가로 가는 지름길이다. 평화에서 만들어지는 행복한 삶에 질은 우리들의 최고희망이다. 이것 역시 대통령의 소임 중 중역(重役)에 속한다. 보수와 진보의 건전한 조화 깨끗한 양심의 윤리적 도덕심, 풍요로운 경제적 성장과 분배, 우리라는 단일민족성의 서로가 말하는 필요성적 사고로 어울리는 질높은 삶을 예측하며 살도록 균형잡힌 정서를 만들어가야 할 것이다.

4) 국가 통일의 예측이 가능해야 한다

2018년 현재의 대한민국은 남북분단의 한을 안고 살아온 지 어언 일세기를 육박한다. 이것은 지구상에 유일한 분단국가로 국가적 수치이며 국민적인 희망사항이다. 대통령이 통일 프로그램하나 제대로 만들지 못하고 역사만 비판한다면 걱정일 것이며, 국가적 지상명령을 누가 수종들겠나? 안개속을 헤매는 국가통일 정책을 그럴듯하게 제시해야 한다. 그것이 5년이든 10년이든 혹은 100년이든 말이다. 국민여론을 추슬러 양극화나 다극화적 지방방송을 잠재우고 사회적 지역적, 종교적, 이념적 조화를 이루도록 정책을 실천화하며 국민이 국가통일을 예측 할 수 있게 해야 할 것이다.

2. 자네가 억만장자(億萬長者)이신가?

인간은 누구나가 억만장자를 싫어 할 사람은 없을 것이고 개중에는 억만장자의 꿈을 안고 사는 사람들도 꽤나 있을 것이다. 억만장자가 되는 원인은 여러 가지 이유가 있을 것이다. 부모에게 물려받은 유산일 수도 있고, 어떤 경우에는 일생을 하루처럼 노력하고 사업에 성공하여 이룩된 부자도 있을 것이고, 경우에 따라서는 권력으로 인한 이기적 탐욕의 충족을 채워서 된 사람도 때로는 있을 수도 있다. 혹시 또는 예기치 않은 횡재(복권 같은 것)를 얻어서 부를 차지한 부자도 있을 수도 있다. 이유야 어떻든 자네가 억만 장자라면 억만장자답게 살아야 할 책임감이 있다는 사실을 알아야 한다.

가. 도덕적 모범자가 되야 할 것이다.

도덕은 세상과 사회를 아름답게 하는 무언에 규범이다. 그런고로 도덕은 어느 특정 사회나 사람에게 국한된 것은 아니다. 돈에는 부도덕이 따르기 쉬운 부분인고로 억만장자라면 무엇보다도 개인과 가정 그리고 기업이나 사회에 도덕적 모범을 보일 때에만 참 부요한 사람일 수가 있다. 억만장자가 유덕한 품성을 갖는다는 것은 아름답고 훌륭한 품성이다. 그런고로 억만장자일수록 철저한 정신 무장과 공익적인 사고방식에 대한 사명의식이 있어야 할 것이다. 흔히 재벌 2세들에게서 볼 수 있는 도덕적 타락상은 그 사회적 비판에 대상일 뿐만 아니라 그 가정 행복과 기업발전에 지대한 상처와 실패를 가져오는 경우가 있는 것이다.

나. 국가 발전에 공헌해야 한다.

억만장자라고 인정된 사람은 이미 어떤 의미로 보면 공인에 가깝다고 생각해야 한다.

공인은 개인이 아니라는 의식 속에 국가에 대한 책무감도 갖어야 한다. 국가는 국민 각자나 여러구조에 사람들로 인해 형성되고 유지 발전하는 것이다. 그중에 억만장자는 국가발전에 일면축을 담당한 사람이다. 왜냐하면 그가 억만장자가 되기까지는 자기 혼자 됐다고 할 수만은 없다. 사회적 구조 국가적 배경 이웃들과의 관계 등등의 제반 사건들의 어울림 속에서 일구어낸 재산인 것이다. 뿐만 아니라 어느 경우에는 국가적 정책이나 권력에 비호내지 도움에 의해서 이루어졌을 수도 있는 것이다. 그렇다면 국가발전이나 행복한 나라 건설에 대해서 주저함이 없이 지대한 공헌을 아끼지 말아야 할 것이다. 그것이야 말로 그 후손에게 가치있는 명예가 유지될 것이다.

다. 사회에 환원한다는 정신이 있어야 한다.

성경에 보면 예수의 제자 중 한사람인 마태는 그가 예수의 제자로 입문할 때 자기소유 재산의 1/4을 환원한다고 선언한 후에 예수 그리스도를 따랐다. 없는 자가 있는 자에게 무시를 당하는 사회는 불행한 세상이다. 그러나 있는자가 나서서 헐벗고 가난하고 어려운 사람들의 따뜻한 이웃이 된다면 지상에 낙원을 건설하게 되는 초석이 된다. 명실공히 억만장자는 그만큼 축적된 재물을 어려운 빈민을 위해 과감하리만큼 베풀고 나눠 줄줄 알아야 한다. 그러므로써 삶의 시달리는 사람들에게 삶의 의욕과 희망을 줄 수 있을 뿐만 아니라 그들로부터 위대한 칭찬의 주인공이 되는 것이다. 뿐만아니라 억만장자는 공익사업을 위해 기여할 줄 알아야 된다. 우리 사회나 우리 이웃에는 공익적인 단체 또는 사업들이 많다. 그것을 성공케 하는데는 모든 이들의 단결된 협력이 필요할 것이며 아울러 억만장자의 역할 또한 작지 아니하다. 없는 자들의 할 일이야 마음의 기도나 인력적 노동이겠지만 부자들의 역할은 그것 외에 물질적 부분에 협력이 당연할 것이다.

라. 욕심을 절제 할 줄 알아야 할 것이다.

성경 야고보서 1장 15절에 보면 “욕심이 잉태하면 죄를 낳고 죄가 장성하면 사망을 낳느니라”라고 했다. 인간에게 있어서 욕심을 부리는 것은 끝이 없다. 가지면 더 가지고 싶고, 채우면 더 채우고 싶은 마음이 인간의 모습인 것이다. 아흔아홉 섬의 쌀을 가진 부자가 한 섬 가진 이웃의 것을 빼앗는다는 속담도 생각난다. 억만장자는 자기 자신이 억만장자로 산다는 것에 만족할 수 있어야 하며 그 억만장자의 자본을 가치 있게 활용관리 할 줄 알아야 된다.

1) 허랑 방탕으로 낭비하지 말도록 해야 한다.

재벌 2세들을 잘못 양육하면 자기 재물이 아닌 것을 가지고도 허랑 방탕하기 쉽다. 미련한 재벌가는 자기와 자식들까지 망하게 되는 실수를 범하여 주색잡기(酒色雜技)에 재산을 탕진하게 되기 쉽다.

2) 무조건 쌓아두려는 미련을 버려야 한다.

재산을 모으는 것 자체는 흠이 될 수가 없다. 성실하게 노력하고 부지런히 땀 흘려서 모아지는 재물은 대단히 값진 것이다. 값진 재산이라 하여 무조건 끝없이 쌓아 놓기만 하다보면 아무 보람도 가치도 없게 된다. 자기 자신도 유익하리 만큼 쓰지 못하고 죽게 되며 그 남은 임자 없는 재산 때문에 대개 자식들 혹 관련자들 간에 살벌한 재산 싸움에 빌미를 주는 요인이 된다.

3) 인심 잃지 말 것이라

억만 장자가 욕심을 가지고 살게 되면 애매하게 구설수에 오르는 일이 있다. 써야 할 때 의미있게 쓰고 도와줄 때 과감하게 도와줘야 한다. 억만장자를 향한 세인들의 시선은 대단히 따갑다. 같은 실수라도 부자에게 먼저 주목이 간다. 억만장자가 부자될 때 보태 준 것도 없는 사람들이지만 질투, 시기, 증오 등이 날카롭게 작용할 때가 있다, 이럴 때 "너는 너고 나는 나다"라는 식으로 대하면 필요 이상으로 인심을 잃게 된다. 언행심사에 있어 유덕한 인품을 보이도록 하는 것이 훌륭한 부자다. 존경받는 부자는 누구일까 생각해야 할 때다.

마. 대물림에 조심할 것이다,

부모가 땀 흘리고 고생하여 축척된 재산에 대해서 대를 불려준다는 것

자체가 지탄의 대상일 수는 없다. 자신이 관리하다 남는 재산은 누군가에 의해 가치 있고 뜻있게 관리되어져야 하는 것이 사실이라면 자식에게 물려주어 선친의 뜻을 기리고 후손들의 의미있는 발전계획은 대단히 바람직하리라고 생각된다. 다만 조상이 남겨준 재산 때문에 후손들끼리 불미한 다툼을 경계해야 하며 그렇다면 차라리 국가나 공익단체에 기부하여 가치 있게 관리하는 것이 바람직할 것이다. 차제에 우리는 재산 상속에 대해서 다음의 조항들을 명심 할 필요가 있다.

1) 상속 받을 자격이 있는 자식

가) 부모님이 귀하신 분임을 깨닫고 그 뜻을 받들고자 하는 사람이어야 하며

나) 재산의 가치를 알고 활용할 줄 아는 사람이어야 하며

다) 상속받은 재산은 개인의 소유물이기 전에 사회나 국가에 환원해야 한다는 것 이해한 사람이어야 하며

라) 후손들끼리 화합하고 우애의 도리가 확인된 사람이어야 함

마) 창조적 선진혜안을 가진 사람이어야 상속자의 자격이 있을 것이다.

2) 상속받을 자격이 없는 후손들

가) 부모의 재산은 당연히 자기 것이라고 생각하는 자식들은 대단히 위험한 발상이며 잘못 될 확률이 대단히 높다.

나) 물욕 우선의 사고 방식을 갖고 있는 사람이고

다) 물질과 인간의 가치관이 불분명한 사람은 재산을 상속해서는 안 될 일이고

라) 행복의 수치를 재산에서만 찾을려고 하는 발상은 그것을 취하기 위해서는 다툼이나 소송을 쉽게 할 수 있기 때문에 분란의 여지가 충분하다.

마) 공익을 무시하고 사사로운 욕구에 젖어 있는 사람은 재산 상속을 받을 자격이 없다.

재산을 모은 사람이 그 재산을 상속 할 때 자식이라든지 또, 친척이라든지 핏줄이라고 하는 것 때문에 경솔하게 상속을 해 주는 것보다는 남일지라도, 개인이 아닐지라도, 참으로 됨됨이 건전한 사람, 친구, 제자나 혹은 뜻을 기릴 수 있는 공익단체에게 상속하도록 노력해야 될 것이다.

3. 자네가 지식인(知識人)이신가?

가. 어의

지식이란 말을 한자로 표하면 알 지(知) 알 식(識)자를 써서 지식(知識)이라고 쓴다. 국어 사전에서는 "사물을 아는 마음의 작용"이라고 하며, 희랍어에서는 지식이란 말의 의미를 두가지로 설명한다. 첫째가 소피아(Sophia)라고 하는데 이 뜻은 인간과 하나님 일에 관한 혹은 그 원인에 관한 의미가 있으며 아울러 궁극적 사실에 대한 지식을 말하고 있다. 둘째로는 그노시스(Gnosis)는 실천적 지식 즉 상황 안에서 무엇을 할 것인가에 대한 지식이라는 것이다. 그런가 하면 에피그노시스(Epgnosis)란 말은 아는 것을 추구하는 방향으로 더더욱 전진해 나가는 뜻이라고한다. 이런 어의들을 살펴보면 지식이란 알고 깨닫고 계몽하고 순화시키는 인류행복의 발전을 도모하는 매개체가 되야 한다는 뜻을 볼 수가 있다.

나. 참된지식

안다고 하는 것, 기억장치에 입력된 것으로 잊혀지지 않는 생활로 자기 자신의 일부가 된 것을 참지식이라고, '오쇼 라즈니쉬'는 말했다. 잊혀지는 지식은 참이 아니라는 것이다. 실례로 부모님의 말씀은 잊혀져도 부모님 자체는 잊혀지지 않는 것으로 삶의 일부분이 된 것이다.

다. 그릇된 지식

아는 것을 안다고 하고 모르는 것을 모른다고 하는 것이 참된 지식이라면 그릇된 지식은 모르면서 아는 척하고, 알면서 모르는 척하는 음흉한 사고에서 찾게 된다. 그릇된 지식에 사로잡힌 인간은 공간과 시간 속에 나타나 있는 일체의 사물은 잘 알 수 있지만 자기 이성의 지식 중에서 인정받게 된 부분은 좀처럼 알 수 없다고 생각되기 마련이다.(LeoN. Tolstoi)

라. 위험한 지식

지식(인)은 감사해야 하고 겸손해야 하고 무지한 부분이나 덜 발전된 무식에 상대를 이해하고 계몽하는 책임이 있다. 위험한 지식인은 교만할 수가 있고, 남을 무시하거나 사리사욕적인 악에 도용될 수가 있다. 이것은 대단히 위험한 지식이고 잘못하면 자신과 주위를 괴멸시킬 수도 있는 것이다. 아는 것이 병이란 말도 있고 지식을 더하는 자는 근심을 더하니라(전1:18)는 말씀도 있다. 악으로 똑똑하여 타인에게 피해나 괴로움을 주는 사람은 그릇된 지식인에 사람이다.

마. 지식의 전달

지식인은 지식인다운 소임과 책무가 있다는 사실을 잊으면 안된다. 지식인이 지식인이 된 것은 부모로나 학교로나 사회적으로나 혹은 종교적으로나 등등의 영향에 의해서 오늘의 지식인이 됐다. 그렇다면 나도 세상을 위해 지식인다운 영향력으로 사회에 환원할 줄 알아야 된다. 이기심이나 사리사욕에 눈을 팔고 마음을 빼앗겨 타락한 지식인이 되며 안 되며, 무식한 이웃이나, 낮은 자리에 사는 작은이들이나, 공공질서를 위해 또는 국가나 민족의 행복 향상을 위해 씌여지도록 하는 지식이어야 한다.

바. 지식의 필요성

인간에게 있어서 지식은 두 가지 면에서 필요하다.

1) 닦은 지식을 선의 적인 보람으로 가치있게 활용하여 인류공영에 빛이 되며 세상제도를 아름답게 개선하도록 하는데 그 필요성이 절실한 것이다.

2) 선악을 분별하는 양심의 판단력을 지식적 이성으로 도와줌으로 인간이 하나님을 복종하고 그 큰 뜻을 발견 실행하는데 작용하는 것이다. 이렇기 때문에 인간은 지식이 있어야 하고 그것이 많고 깊어야 하는 것이며 따라서 너도 나도 지식인이 되고자 하는 것이다. 무식한 사람만도 못한 지식인은 인간에 해충이며 사회에 귀신이다. 오늘날 지식인이라고 자처하는 부류의 사람들일수록 냉철한 지식의 가치를 점검해 봐야 될 것이다.

사. 지식인의 책임

1) 자아성숙의 진취적 모범으로 삶의 질을 향상해가는 타인(他人) 안목의 선생이 돼야 할 것이다.

2) 사회적 형성과 준법질서적 사고와 생활로 아름다운 삶에 선두주자가 돼야 할 것이다.

3) 국가 공익에 솔선하여 국리민복의 부분적 축(軸)이 돼야 할 것이다.

4) 세계화적 필연성에 민감한 적응으로 인류공영에 소임을 가져야 될 것이다.

한 사람의 검정된 지식인은 100-10000명 이상의 보통사람의 행불행과 생사까지의 책임이 있음을 인식해야 할 것이다.

4. 자네가 종교인(宗教人)이신가?

전문 종교인을 가르쳐서 대개 성직자라 한다. 성직자란 국어사전에 보면 '종교적 직분을 맡은 교역자'라고 해석되어 있고 성직(聖職)하면 '거룩한 직분'이라고 기록되어 있다. 이 말을 한자(漢字) 그대로 직역하면 '거룩할 성(聖)' '벼슬직(職)'자를 써서 '거룩한 벼슬'이라는 뜻으로 상당히 높여서 불러주는 말이다. 이 말은 유대교에서 선지자나 제사장을 일컬어 말할 때 썼으리라 사료되고, 그리스도 교회에서 바울이나 베드로 혹 속사도들에게 붙였던 명칭이 아닌가 사료된다. 이 말 오늘날에는 각 종파에 따라 사회인식상 기독교의 목사 카톨릭의 신부 불교의 중들에게 일반적으로 불리는 통용적 인식을 가지고 있다. 필자도 그렇게 생각하면서 참 성직자 상을 찾아보도록 한다.

가. 자네가 목사인가?

기독교에 있어서 목사는 교회를 대표하며 거룩하신 하나님의 종으로 사회제도를 초월한 예수그리스도의 대리자로써 인류 구원을 위해 자신을 헌신함으로 하나님의 뜻을 준행하는 최고 위상의 성직자이다.

1) 구약에 나타난 목사직

가) 통치자를 보필했었다(출 24:13)

나) 왕의 신하나 장관을 말했다(대하 22:8) 아하시야를 섬기는 자들이라고 했다.

다) 제사장을 목사라 했다. 사 61:6– 너희는 여호와의 제사장이라 일컬음을 얻을 것이라. 사람들이 너희를 우리 하나님의 송사자라 할 것이며… 라고 했으며 하나님의 전에서 섬기는 제사장들 등 그 기록들이 많다.

라) 목자를 목사라 한다. 렘 2:8 절등에 Pastor(패스토)란 말이 여러번 나온다.

2) 신약에 나타난 목사직

우리말의 목사는 목자와 교사의 복합어이다. 종(從)은 종이나 목자와 같은 종이며, 교사와 같은 종이라는 말로 에베소서 4장 11절에 나타난 것이 유일한 표현이다.

가) 예수 자신이 목자 교사 목사였다. 성소에 부리는 자(히18:2) 양의 큰 목자(히 13:20) 나는 선한 목자(요10:11)

나) 예수의 사도를 선지자 전도자 교사 목사라고 했다. 새 언약의 일꾼(고후3:6) 나, 바울은 일꾼이 되었노라(골1:23) 사환을 삼음(행 26:16)

다) 예수의 말씀 사역자들을 목사라 했다. 그리스도 예수의 선한 일꾼(딤전 4:6) 주안에서 진실한 일꾼(엡6:21) 수종드는 자(행 13:5)

라) 예수가 목회자에게 목사라고 하였다. 그리스도의 몸을 세우는 자(엡4:11–12)

마) 하나님의 비밀을 맡은 청직이 등 대사(大使)을 목사라고 했다, 그리스도를 대신한 사신(고후 5:20) 가르침에 수고하는 이들(딤전 5:17)

바) 목사는 하나님의 목사 주님의 목사 예수그리스도의 목사 하나님의 일꾼(엡 6:4)

사) Minister와 Pastor – 이 말은 목사에 대한 영어의 명칭인데 미니스터(Minister)는 목회 영역의 넓은 차원이고 패스토(Paster)는 개 교회에 속한 한정된 표현이다. 잘 구분 하는 것도 필요하리라고 생각된다.

3) 목사 명칭에 대한 어원

목사직의 구약에 주된 어원은 메살레스(Meshanes)이다. 이 말을 신약에서는 디아코노스(λετουργός)로 번역되었고 디아코노스(διάκονος) 포이맨(ποιμήν) 훼페레테스(ύπμρέτης)등으로 표현됐는데 이것을 영어에서는 minister(성직자,목사)와 Pastor(목사,종교지도자)로 번역되어진 말이 오늘날에 통용되어 써지고 있다.

4) 목사의 인격

인간은 누구든지 자기에 신분에 맏는 인격을 보존해야 하는 것이다. 그것은 자기 다음으로 자기 위상을 빛나게 할 수 있기 때문이다. 목사의 목사다운 인격을 생각해 보도록 하자.

가) 자질(資質)

자질이란 그 사람의 성질이나 품격 혹은 천성(天性)을 뜻한다고 한다. 그런 의미에서 목사의 자질은 누구보다도 겸손하고 정직해야 하며 타의 모범을 보일 수 있도록 해야 하며 이런 자질은 타고날 때부터 그랬던지 제2천성으로 연마해서 갖췄던지 목사로써의 기본적 자질이 요구되는 것이다.

나) 성품(性品)

목사의 성품은 성직자다워야 되기 때문에 누구보다도 온유하고 다정해야 할 것이며, 애정을 소유한 성품으로 모든 사람 모든 만물에 대해서도 애정을 기반을 다져진 품성이어야 할 것이다.

다) 덕성(德性)

천군만마를 지휘하는 군대 장군 중에는 세 가지의 종류의 장군이 있다고 한다. 첫째는 지장(知將)으로써 전술 전력을 알아야 하며, 둘째 용장(勇將)으로써 전쟁에 나가서 뒤로 물러서지 않고 용감하게 싸우는 것이고, 셋째로는 덕장(德將)을 꼽을 수가 있다. 덕장이라는 것은 휘하장졸들에게는 물론 적군에게까지 덕으로써 대한다는 뜻인데 이 세가지 유형들이 다 요긴한 요소들이지만 그중에도 덕장으로써 장수는 승리할 확률이 가장 높다는 것이다. 전쟁에서 생명을 담보 잡고 싸우는 곳에서도 덕성이 필요하거늘 하물며 목사가 사람들의 영혼을 살리는 일에야 말해 무엇하겠는가? 그럼에도 불구하고 개중에는 일부 바탕이 잘못된 목사들의 부덕 행위를 보면 ①물욕에 눈이 어두워 덕을 잃어버리고, ②언어적 순화가 부족하여 부덕스럽고, ③살아가는 사고방식이 자기중심적이다 보면 덕을 잃어버리는 사람과, ④명예나 교권에 맛들려져서 법이니 원칙이니 하는 것을 악용하여 자기의 사리사욕을 채우려고 하다가 덕성을 상실하는 불쌍한 목사들이 있는 것이다.

라) 희생적 봉사

예수는 말하기를 "여우도 굴이 있고 공중에 나는 새도 깃들일 곳이 있으나 인자는 머리 둘 곳이 없다."라고 했다. 그만큼 청빈하고 물욕에 뜻이 없음을 표현하는 말이라고 생각되며, 오직 그는 전심을 쏟으신 분이다. 중세기에는 탁발승 같은 사명감에 불타는 자들도 있을 정도였다. 현대의 목사가 예수의 생활과 꼭 같을 수는 없으나 닮아 보려고 하는 정신이라도 있어야 될 것이다. 자기의 가진 것을 봉사적으로 희생하여 하나님께 영광을 돌리고 교회를 유익하게 하며 신자들을 평안하게 해 줄 수 있어야 하고, 불신자들에게도 존경의 인물이 되도록 사는 것이다. 오늘날 기독교의 목사들은 솔직하게 자기 인격을 반성해야 할 사람들이 적지 않을 것이다. 못난 목사들이 돈이나 끌어모으려고 하고, 신자들과 다투기나 하고, 쓸데없는 해외여행이나 일삼고 고급 승용차를 앞다퉈 구입하며 신자들에게 무거운 짐만 되면서 목사라는 이름을 최대한 이용해서 자기 욕구만 채우고 있지 않는가?

마) 존엄성

기독교 목사는 존엄성을 유지해야 된다. 하나님의 종이 세상 사람들 앞에서 그 존엄성을 잃어버리면 목사다운 생명에 위협인 줄 알아야 한다. 비록 재산은 넉넉하지 않고 세상적인 권력은 소유하지 않았지만 성직자라는 이름답게 존엄성이 살아 있어야 된다. 앉을 자리 누울자리를 가릴 줄 알고, 먹을 것 못 먹을 것을 구별할 줄 알아야하며, 가야할 곳 안 가야될 곳을 가려서 성직자다운 위상에 존엄성을 유지할 줄 아는 처신이 필요하다. 언어사용이나 의사 표출 등 생활모습 또는 사리판단 등에 주의해야 할 것이고, 속사람 겉사람을 막론하고 그 존엄성이 유지되어야 할 것이고, 따라서 그 존엄성의 유지는 옳다 옳다 아니다 아니다 할 때 가능한 것이라고 사료된다.

4) 직무

성직자로써의 목사의 직무는 중생들의 영혼을 살리고 죽이는 차원의 사역이다. 의사가 사람의 육신의 생사를 책임졌다면 목사는 사람의 영혼을 위임 맡은 책무자다. 그 직무를 수행하는 여하에 따른 결과는 상상을 초월하는 중대한 결과임을 알아야 할 것이다.

가) 福音(복음)을 전파하는 일이다. 복음은 직역하여 기쁜 소식이라고 하는데 사람들로 하여금 예수 믿음으로 구원함을 받아 죄(罪)와 사단의 사슬에서 벗어나 하나님의 자녀가 되라는 전도행위인 것이다. 기독교의 목사는 근복적으로 이런 일을 위하여 존재하는 것이다. 그래서 비유하여 나팔수니, 파수대니, 전파자니하는 표현들은 이에 관련된 표현들이다. 바울은 듣던지 아니듣던지 말하라고 했

고, 온천하에 다니면서 전파하라고 했고 열두 제자 70여문도 500여 군중 들은 예수의 복음 전파에 수종자들인 것이다. 목사가 현실적으로 이 일을 웬만히 하기 위해서

(1) 강단을 통해서 설교하기도 하고,

(2) 성례전을 통해서 수종들기도 하고,

(3) 그리스도를 대신하여 축복 기도를 함으로 그 뜻을 수행하는 것이며,

(4) 맡겨진 지(枝) 교회를 총체적으로 관리하는 일로도 수행하는 것이며,

(5) 양털을 깍는 목자의 심정으로 교인들을 사랑하며 이웃에게 선한 삶을 보이므로 맡겨진 직무를 수행하는 것이다.

5) 생활

목사는 의식주를 기본으로해서 생을 가꾸어 가는 것은 일반 사람들과 다를바 없으나 성직자로써의 생활을 해야하는 것임으로 자기 멋대로 사리사욕에 노리개감이 되서는 안 되는 존재다. 자기 자신이 꽤나 훌륭한 목사라고 착각하여 오만방자하게 안하무인격이 돼서는 안 되는 것이다. 옛날 사울 왕이 그럴싸한 핑계를 명분 삼아 월권을 감행했다가 하나님으로부터 버림을 받았던 사실처럼 오늘날 목사도 교권탐욕에 눈이 멀어서 법을 적용할 때 이언령 비언령(鄙言令)하여 약자를 무시 희생시키는 일이라든가 공의회(公儀會)를 사욕화하여 의이를 추방함으로 진리를 짓밟는 우민한 행동은 필경 심판을 재촉하는 사경의 길일 것이다. 필자가 아는 모목사가 있었다. 그는 여러 회중 앞에 나서서 하는 말은 세상에 둘도 없는 성직자인 척하며 합법주의자 양심주의자 도덕주의자 신망주의자임을 자처한다. 그러나 그는 말과 달리 불법 비법 편법 같은 것을 있는데로 다 적용한다. 진리나 의를 주장하는 사람은 가혹하게 제거 추방하는 형식을 취한다. 자신에게 유익한 것은 어떻게든지 합리화시키고 자기에게 불리한 것은 버젓한 도리나 원리일

지라도 불법으로 조작하여 그것을 제거한다. 소견이 옹색하고 물욕이 그득하며 도량이 협잡한데다가 악어와 악어새의 관계처럼 같은 종류의 무리들로 맹종자를 삼아 튼튼한 자기의 입지를 굳게 해나간다.

이런 인사들이 한국교계의 질적향상을 저해하는 원흉적 형태다.

가) 그리스도를 닮도록 노력해야 한다.

목사가 목사답게 사는 것은 얼마만큼이나 예수그리스도의 형상을 닮았느냐에 따라 성패가 있는 것이다. 목사는 예수그리스도의 대리자이기 때문에 그가 잘못되면 예수를 욕되게 하는 것이다. 목사는 현존하는 그리스도의 모형이기 때문에 강도권 축복권 설교권이 주어졌다. 삼가 경성하여 무거운 책무의 당사자임을 소홀히 해서는 안되는 일이다. 다음엔 그리스도를 닮은 모습 몇 가지를 소개해 본다.

첫째, 하나님을 위해 사는 것이다.

독생자는 올 때, 살 때, 갈 때 등 모든 삶에 있어 하나님의 뜻이며 섭리대로 사셨다. 그것이 진리이기에 생명을 바쳐 아버지 뜻을 이루었다. 그리스도는 겟세마네 산에서 기도하실 때 하나님 아버지의 뜻이기에 이잔(십자가)을 마시겠다는 의사를 밝히셨다. 목사가 예수 그리스도를 닮으려면 인생을 송두리째 바치는 심정으로 수종들어야 한다.

둘째, 청빈한 생활이다.

깨끗해야 된다. 물욕에 있어서 흠잡힐 만한 욕심을 갖지 말아야한다. 청빈하다고 해서 예수처럼 머리 둘 곳조차 없으란 것은 아닐 것이다. 중세기의 탁발승들처럼 배고픔과 가난을 미덕으로 생각하라는 것도 아닐 것이다. 빈손 들고 왔으니 빈손들고 가는 것이니 욕심은 금물이라고 강도상에서 설교는 유창하게 하면서 공금횡령의 도적질, 월급 올리라고 신경질내는 철면피 생활비, 활동비, 목회비, 거마비 등의 명목으로 재산을 경쟁이나 하듯이 긁어 모으려고 해서는 안될 것이다. 가진 것이 있고 자기의 표준 생활경비를 제하고 여유가 있다면 가난한 자, 병든 자, 나그네 된 자들을 위해 사용하는 것이 예수 닮은 청빈 정신이다.

셋째, 경건생활

예수그리스도는 하나님이시면서 경건생활에 힘썼다. 성전에서, 생활들에서, 산에서, 골방에서, 낮에도, 밤에도 철야금식 등으로 아버지 하나님과의 교감을 깊게 하셨다. 세속 속에 인생이셨지만 정신과 영혼은 하늘을 바라보고 살았다. 목사가 예수는 아닌고로 목사마다 성자 취급은 맏지 못하더라도 경건한 자기 생활은 연마해 나가야 할 것이다. 혹시 세상사는 것이 그러려니 하여 잡스러운 속물로 오염되면 안될 것이다.

넷째, 세상을 비판 할 줄 알아야

예수그리스도는 세상을 부정하지는 않았으나 잘못된 부분을 냉철하게 비판했다. 율법사나 바리세인들을 향해 독사의 자식들이라고 비판했으며 회칠한 무덤이니 가라지 같은 인생이니 하며 옳지 못한 부분을 향해 임박한 진노를 피할 수 없다고 외쳤다. 목사는 죄악을 향해 외쳐야하고 비진리를 보고 비판해야 한다. 비판을 위한 비판이 아니고 자성과 개선을 위한 의연한 직무수행이다. 세례요한이나 바울 등 사도들은 예수의 모습이었다. 오늘날 목사가 닮아야 할 속성들이다.

다섯째, 준법생활

예수그리스도는 법을 중히 여기신 대목이 많다. 세례요한에게 세례를 자청하신 것은 준법정신이며, 빌라도에게 재판을 받은 것도 법을 존중하시는 모습이다. 목사는 초법자가 아니다. 교회에서나 사회 공회를 준법정신에 있어 모범자가 되야 한다. 하나님의 종이라는 구실로 법을 무시하는 예가 있으면 그것은 큰 죄악이다.

여섯째, 공의를 존중해야 한다.

예수는 성전에서 학자들과 토론도 하셨고 성전의 불결함을 청결케 하기도 하셨다. 그리고 벳세다의 군중을 소중히 여기시기도 했으며 간음한 여인을 증오하는 다수에게 진리를 깨우쳐 주기도 하셨다. 그리고 빌라도 법정에 순수하게 따라 주셨다. 공의를 사유화하는 목사는 예수의 사람이 아니다. 오늘날도 공회를 통해 하나님은 역사하신다. 공회의 운영은 공법을 지킴으로 운영되는 것이다. 공법운영은 성문법과 양심법을 조화시키는 지혜에 있는 것이다. 극히 작은 조항으로 사람을 죽이고 피해를 주는 성문법은 양심법에 우선할 수 없는 것이다. 오늘날의 목사들이 아는 척은 많이하나 실질적 행위로는 화인 맞은 양심의 소치가 많다. 그중에는 공의로운 자가 있겠지만 정서상 부정에서 자유로울 수 없을 것이다. 더군다나 정치판도에 물먹은 자들은 더 말할 나위도 없을 것이다. 목사들이 자성해야 한국 기독교가 살 수 있다.

나. 자네가 신부인가?

신부라는 명칭은 神父(신부)라 쓰며 영국에서는 파더(Father), 라틴어로는 파더(Paten)라고 썼다. 이 명칭은 중세기에 '영적인 아버지들'이라고 불리운 고해 신부에게 적용되었었고, 이에 반해 수도원에 몸담고 있는 수사들과 참사원들은 돔(Dom=소유자 주인)이라고 불렀다. 이뜻은 라틴어 돔누수(Domnus) 또는 도미누수(Dominus)라고 불렀던 것을 그 후 영국내지 영어권에서 속세적 신부들까지 모두 로마 카톨릭 사제들은 신부라고 명명하여 왔으며 19세기 후반에 아일랜드가 도입했으며 맨닝(Manning)을 비롯한 여러 사람들이 지지하고 나섰다. 그 후 프랑스를 비롯한 유럽 대륙전역으로 퍼지게 됐으며 그 중 특정인들(Nonsicur le cure 또는 nionsicur le vicaire 등) 에게는 또 다른 이름을 붙이기도 했다고 하며 교황에게는 '거룩한 아버지(The Holy Father)'라는 칭호가 일반적이기도 했다. 이런 역사적 명칭을 생각하면서 카톨릭의 교리 문제는 언급할 사항이 아니고 아울러 카톨릭 신부들의 사생활은 깊이 알지 못함을 미안하게 생각하면서 원칙적인 것 몇 가지를 생각한다.

1) 신부는 사제(司祭=pniest)이다.

사제라 함은 넓은 의미에 엄격한 종교의식에서 신과 인간의 중개자적인 것이다. 고대사회에 있어서 사제는 선조들에 대한 제사 집단의 가부장(家父長)이든가 족장(族長)의 지위를 차지했다. 아울러 카톨릭 교회에 있어서는 사제는 성사(聖事)의 집행과 거기에 수반하는 전례(典禮) 등 사목상의 행위를 할 권능자로 서품(敍品)을 받는 자를 말한다. 사제직의 기원은 명확하지 않으나 현행 제도가 확립된 것은 약 6세기경으로 판단한다고 한다. 하나님과 인간 사이에 유일한 중개자인 사람으로 그 임무가 자못 중대한 것이다. 개신교에서는 만인 사제설을 주장한 개혁자들의 주장대로 특정사제론을 부정하지만, 현대의 로마 카톨릭에서 마저 강제적 독신제나, 사제로써의 여성의 배제 문제에 회의를 느끼고 있다. 동방정 교회같은데서는 기혼자의 사제서품도 인정한다. 따라서 신부들에게 명칭상 사제라는 말을 강조함은 위에 설명대로 신(神)과 인간(인간)과의 사이를 피차 인식하고 중개자로써의 조화의 은총을 삶에 전역에 생활화하도록하는 직책인 것이다. 그런고로 신부직은 성별된 명칭이다.

2) 교회에 충실해야 한다.

신부 서품을 받을 때에 서약이라든가 자기 다짐 같은 것들이 있겠으나 그런 단회적 형식 절차보다도 자기의 삶이 교회를 위해 사는 성직자라는 사고가 각인돼 있어야 할 것이다. 비사제 평신도들과 같이 명예, 지위, 물질, 향락에서 주는 행복을 추구한다면 사제의 옷을 벗어야 될 것이다. 재산을 착취한다든지 불륜을 조장한다든지 비신앙적인 탈선이 있으면, 훌륭하게 신부직을 수행하는 사제들에게까지도 사회적 부정인을 조장하는 행위가 된다. 신명(神命)에 복종하고 교회제도에 충실하여 신부로써의 위상과 위엄을 다해야 한다.

3) 도덕적 표본

인간이 도덕적으로 산다고 하는데는 두어 가지 뜻이 있다. 첫째로 천륜 도덕과 둘째로 인륜 도덕이 있다. 천륜도덕은 하나님과의 언약을 수행함으로 유일하신 신(神)을 최고의 아버지로 모시는 천주(天主)사상이다. 인륜도덕은 사람들끼리의 인간관계를 유덕한 품행으로 보이는 것이다. 그런고로 신부는 신앙의 모범자이며, 생활의 덕행자이어야 할 것이다.

4) 신부는 하나님의 사람이다.

어느 인간치고 하나님의 소유자가 아닌 사람이 있겠느냐만, 특별히 신부는 하나님의 지정된 선택자로 하나님 앞에서 수종드는 사신인 것이다. 그런고로 신부는 일생 동안의 삶이 하나님 제일 순위로 살아야 할 운명자다. 그 어떤 세속의 문제가 신부 앞에는 하나님보다 우선일 수가 없다. 향락이 좋고 명예, 재물, 세상이 좋거들랑 신부의 서품을 반환하고 신부다운 옷을 벗은 다음에나 가능하다. 신부서품을 받은 신부들이 이와같은 자기 책임을 모르면 안된다. 하나님의 명령에 살고 죽을 수 있는 자기 확신이 분명할 때 신부라고 할 수가 있다.

5) 신부는 선지자다.

선지자는 우리말 그대로 먼저 안다는 뜻이다. 무엇을 먼저 아는가? 하나님의 섭리, 뜻, 말씀을 일반 백성들보다 먼저 알고 역할하는 사람이다. 하나님으로부터 받은 계시의 깨달음을 백성들에게 전달해 주어야 한다. 일명 말씀의 선포라고 한다. 하나님 곁에서 가장 가깝게 시중들다가 그의 말씀이 계시면, 신속하게 백성들 앞에서 하나님의 말씀을 대변할 수 있어야 된다. 사제가 하나님 앞에서 백성들을 대표한 제사장이라면 선지자는 백성들 앞에서 하나님을 대신한 천주(天主)의 종이다. 진리를 선포하고 가르치고 훈육하는 선견자(先見者)인 것이다.

6) **신도(信徒)들의 표상이다.**

신도들은 신부에 대한 신뢰도가 대단하다. 하나님 다음 아니면 살아 있는 천주님(天主任)으로 생각하는 이들까지 있는 것이다. 이때 신도들에게 허무와 실망을 안겨주면 크게 불행한 사건이다. 그런고로 신부는 그리스도의 명예를 걸고 모범적이어야 된다. 말은 덕(德)스럽게 행동은 정직(正職)하게 신앙은 경건(敬虔)하게 사고방식은 건전(健全) 할 수 있어야 할 것이다. 사사로운 사건에서 눈을 돌려 일생동안 공인으로써 신실한 표상을 간직 연마해야 하는 것이다. 신부는 이런 도덕적 표본에 하자가 없다는 것만으로 족하지 못한다. 여러 신자들이나 중생들에게 이런 도덕적 삶에 모습에 표본적 스승이 돼야 한다. 신부도 인간이기 때문이라는 그럴듯한 명분을 내세워 세인들과 무분별하게 사는 행위는 대단히 부도덕적으로 기울기 쉽다. 인심이 타락하고 부정 부패가 정당화됨으로 종말을 재촉하는 이때에 신부마저도 자기 신분 바로 못 세우면 도덕적 가치를 찾아 볼 수 있는 곳을 잃어버린다. 소돔과 고모라가 망할 때 도덕적 부패로 하나님마저 잃어 버렸기 때문이었다.

7) **내세 지향적이어야 한다.**

종교다운 종교는 내세가 있어야 하고 그 종교의 교리는 내세의 삶을 강력하게 교훈해야 된다. 신부는 세상이 좋아서 세상에서 영원히 사는 꿈을 꾸는 자가 아니다. 하나님의 나라 죽어서 가는 곳 내세의 삶을 밝혀줘야 한다. 물론 내세는 현실을 무시한다든지 상실한 채로 기다릴 수는 없는 것이다. 내세의 영원한 행복은 현세의 충실한 삶으로 보장 받는 하나님의 강복이다. 담배 연기에 인생을 흐리게 하고, 부딪치는 술잔에 의해 내세가 몽롱해지면 안된다. 여자가 좋거든 합법화 시키고, 명예가 좋거든 성자답게 살것이며, 재산이 탐이 나거든 성의를 벗어야 할 것이다. 현세상은 종말 때까지 지속 될 것이지만 인간은 하나님의 나라로 향해 가야 하는 것이다.

다. 자네가 중인가?

종교적인 차원에서 불교의 중(僧)에 대해서 설명을 하려고 하니 불교에 대해서는 너무나도 모르는 것이 많고 또 어려운 표현들이 많다는 것을 새삼 느낀다. 그래서 중에 대해서 설명하기에 앞서 불교의 전문 용어들을 몇 가지 설명하고자 한다. 그러나 3,576개의 계율에 대한 설명은 어렵고 우리들이 많이 듣고 있는 몇 개만 설명하고자 한다.

1) 나미아미타불관세음보살

가) 나무아미타불– 아미타불에 돌아가 의지하여 신앙한다는 말, 정토종(淨土宗)에서는 이 말을 육자명호(六字名號) 또는 단순히 명호라고 하며 입으로 이 말을 외는 일을 일반적으로 염불(念佛)이라고 하는데 이 말을 외우므로 극락정토에 태어날 수 있다고 한다. 중국의 승려 선도(善導)가 지은 관무량수경소(觀無量壽經疏)에는 나무아미타불(南無阿彌陀佛)을 다음과 같이 주석했다. 즉 남(南)은 귀(歸), 무(無)는 명(命), 아(阿)는 무(無), 미(彌)는 량(量) 타(陀)는 수(壽), 佛은 각(覺)이라고 했다. 그러므로 귀명무양수(歸命無量壽覺)이라고 했으며 또한 남무(南無)는 귀명(歸命)이니 이것은 발원회향(發願回向)의 뜻이요, 아미타불이라는 것은 행(行)이라고 했다.

나) 관세음보살은 대승불교의 대표적인 보살로써 대자대비(大慈大悲)의 정신으로 중생을 구제할 것을 근본서원으로 하는 보살인데 아박로기저스벌라(阿縛盧枳低濕伐邏)라 음역되고 관세음(觀世音) 혹 관세음자재(觀世音自在) 등등으로 표현한다. 본래 '관세음'이란 중생을 구원해 달라는 소리를 관(觀)하면 즉시 구제해 준다는 뜻이다. 법화경에는 중생을 제도하는 33음현신이 설명되어 있고 정토교 경전에는 세지보살과 아미타여래의 협시는 성관음, 천수관음, 십일면관음, 여의륜관음 준재관음 마루관음의 6관음과 불공견삭관음을 합쳐서 7관음중에 성관음이 본신(本身)이라고 한다.

2) **중** – 불타명사로 불타교법의 귀의하여 불(佛)자리에 스스로 오르기를 힘쓰며 그 교리를 널리 베푸는 사람 또는 출가(出家)하여 절에 가서 불경을 공부하고 승적을 가진 사람인 것이다. 스님이란 말은 중이 그 스승을 높여 말할 때 쓰는 중의 높임말인 것이다.

3) **참선(參禪)** – 선도(禪道)에 들어가 선법(禪法)을 참구(參究)하는 것이라고 하는 것으로 모든 것을 오로지 불타에게 맡김(위임)이라는 뜻이다.

4) **불타(佛陀)** – 부처의 원래 말이라고 하며 부처는 석가모니를 일컫는 말이다. 다시 말해서 불교에서 대도(大道)를 깨닫고 성인이 됐다는 말인데 그의 흉상을 불상(佛像)이라고도 한다 흔히 우리 사회에서는 정직하고 자비심이 두텁거나 마음이 어질고 순하고 조용한 사람을 가리켜서 "부처 가운데 토막같다." 라는 말을 쓰기도 한다.

5) **비구 혹 비구니**

가) 비구(比丘)는 불교에 입문하여 구족계(具足戒)를 받은 남자 승려를 이르는 말이며 원뜻은 걸(乞士)였다고 한다. 당시에는 사문(沙門)이라고 했으나 다른 사상을 가진 출가자와 구분하기 위해 비구(比丘)라고 하게 되었다. 불타는 제자들에게 출가 비구의 생활을 가르칠 때 첫째: 분소의(糞掃衣=넝마옷)을 입고 둘째: 걸식(乞食)하며 셋째: 나무 밑에서 지내고 넷째: 부란약(腐爛藥=소변으로 만든 약)을 써야하는 것이라고 가르쳤다.

나) 비구니(比丘尼)–남자들인 비구들과 같이 구족계(具足戒)를 받은 여자 승려를 이르는 말인데 대개 비구들과 같으나 비구계(比丘戒)가 250계인데 반하여 비구니(比丘尼)계는 348계나 되며 오래된 비구니라도 초보자 비구에게는 경의를 표해야 하며 불교 사상 최초의 비구니는 불타를 길러준 이모인 마하프라자파티(大愛道)이라고 한다.

6) 열반(涅槃)

중이 도를 이루고 모든 번뇌와 고통이 끊어진 경지를 가리키는 말이며 열반당하면 중이 죽어서 거처하는 곳으로 이해되며 열반쇠하면 중이 죽었을 때 치는 종을 일컬어 하는 말이다.

| 불교 기초 교리 문답 |

1) 인연법이란 무엇입니까?
마음의 3가지 작용이다. 이 세상의 모든 것은 한마음 속에서 인과 연을 장만하여 하나의 결과를 창조해 가고 있다는 것이다.
2) 인연의 결과는 어떤 것입니까?
선인선과(善因善果)요 악인악과(惡因惡果)다.
3) 3법인(法印)이란?
마음의 체상을 3가지 측면에서 관찰한 것이다.
1. 제행무상인(諸行無常印)
2. 제법무아인(諸法無我印
3. 열반적정인(涅槃寂靜印
4) 제행무상이란 무엇입니까?
일체 모든 것은 시간 속에서 변화생멸하고 유전상속 해가는 것을 말한다.
5) 제법무아란?
일체 모든 법은 공간 속에서 이합집산하여 실체가 없는 것을 말한다.
6) 열반적정이란?
참 마음은 이 무상 무아 속에서도 언제나 변함없이 적정요요(寂靜寥寥)한 것을 말한다.
7) 4성제(聖製)란 무엇입니까?
이 세상의 온갖 것을 그 과보의 형태를 따라서 고락의 원인과 결과를 잘 구분하여 놓은 진리를 말한다.
1. 고성제(苦聖諦) : 고통에 대한 말씀
2. 집성제(集聖諦) : 번외에 대한 말씀
3. 멸성제(滅聖諦) : 평화에 대한 말씀
4. 도성제(道聖諦) : 수도에 재한 말씀
8) 고성제란 무엇입니까?
이 세상 온갖 것은 그 받는 것을 엄밀히 따지고 보면 고통 아닌 것이 없다는 것이다.(生老病死. 愛別離苦. 求不得苦. 五蔭盛苦. 怨憎會苦)
9) 집성제란 무엇입니까?
고통의 원인은 모두가 번뇌의 집기(集起)에서 비롯된다는 것이다. 번뇌에는 탐. 진. 치. 만. 의 등 8만 4천번뇌가 있다.
10) 멸성제란?
번뇌를 깨달아 고통이 없어져 평온 안온한 경지에 들어가는 것을 말한다. 이것을 불교에서는 열반이라 한다.
11) 도성제란?
번뇌를 멸하는 방법을 이야기한 것이니 번뇌를 멸하려면
1. 모든것을 바로 보고(正見)
2. 바로 생각하고(正思)
3. 바로 말하고(正語)

4. 바로 행동하고(正業)
5. 바르게 직업을 가지고(正命)
6. 바르게 노력하고(正進)
7. 바른 정신으로(正念)
8. 바르게 몸과 마음을 안정하라(正定)란 것이다.

12) 어떤 것을 바로 본다고 합니까?

3법인의 원리대로 보고 3법인의 원리대로 사는 것이 바로 보는 것이다.

13) 12인연이란 무엇입니까?

윤회전생하는 고통중생의 과정을 열두 가지로 밝힌 것이다.

01. 무명(無明)은 악업을 짓고 고과를 받는 최초의 일념 어리석은 마음을 말하고,
02. 행(行)은 무명의 행위가 몸과 입과 끗을 통해 정신적으로 육체가 발동하는 것이고,
03. 식(識)은 무명의 행업을 모태에 부치는 최초의 순간이고,
04. 명색(名色)은 지수화풍 4대색과 수상행식의 4대식이 한데 어울려 정신과 육체를 형성하는 것을 말하고
05. 6입(六入)은 거기 빛, 소리, 냄새, 맛, 감촉, 법을 받아들이는 눈, 귀, 코, 혀, 몸 뜻의 여섯 개의 감각기관이 형성되는 것을 말하며
06. 촉(觸)은 출태후 6근이 6경을 접촉하는 과정을 말한다.
07. 수(受)는 괴롭고 즐겁고 좋고 나쁜 것을 따라 감수하는 것
08. 애(愛)는 괴로운 것을 피하고 사랑스러운 것을 취하는 본능적인 욕망을 발동하는 것을 말하고
09. 취(取)는 자기를 내세워 사람을 취하는 것을 말하며
10. 유(有)는 애, 취로 말미암아 새생명의 씨앗을 장만하는 것을 말하며,
11. 생(生)은 유(有)로 말미암아 새로운 생명이 탄생되는 것을 말하고,
12. 노사우비고뇌(老死憂悲苦惱)는 생으로 인하여 늙고 병들고 죽는 고통을 당하는 것을 말한다.

14) 윤회란 무엇입니까?

선악업보에 의하여 탄생되는 세계가 지옥, 아귀, 축생, 인, 천, 수라 등 여섯 개가 있는데 이 세계를 윤회전생하는 것을 말한다.

15) 지옥, 아귀, 축생은 어떤 중생이 태어나는 곳입니까?

지옥은 화 잘 내는 중생이 태어나고, 아귀는 탐욕중생이 태어나고 축생은 어리석은 중생이 태어나는 곳이다. 이곳은 주로 악도 중생이 태어나 가진 고통을 받는 곳이므로 3악도라 한다.

16) 인. 천. 수라는 어떤 중생이 태어나는 곳입니까?

인은 바른 마음을 가진 중생이, 천은 선한 중생이, 수라는 투쟁심이 강한 중생이 태어나는 곳이다. 그래도 이 세 곳은 지조가 있고 정의를 지키며 선행을 한 사람들이 태어나 즐거움을 받는 세계이므로 3악도에 비하여 3선도라 한다.

17) 3악도를 벗어나 3선도에 태어나려면 어떻게 하여야 합니까?

성현들의 가르침을 본받아 철저히 계율을 지키며 나쁜 짓 하지 않고 착한 일 많이 하면 된다. 그러나 설사 태어난다 하더라도 윤회는 완전히 벗을 수 없다. 복이 다하면 다시 타락하기 때문이다.

---

5. 자네는 문화인(文化人)이신가?

인간에 있어서 문화라는 것은 인생의 삶에 전반적인 영역에서 삶에 가치를 풍부하게 하는 것 즉, 그 하려고 하는 노력적생활을 문화적 생활이라고

할 수가 있다.

본 필자가 쓴 '크리스챤의 생활 윤리'라는 책에서 서술한 문화적 부분을 참고 한다.

1) 개념

문화라는 말은 라틴어 '쿨투라'에서 비롯된 말이라고 하는데 이말의 뜻은 "마음을 쓰다, 갈다, 배양하다"의 뜻을 지닌 단어라고 한다. 결국 쿨투라(culture)의 어원은 토지의 경작이든가 동, 식물의 배양을 의미하며, 이것이 마침내 마음의 배양, 즉 정신적 수양내지는 영혼의 성별 등을 성숙케하는 교육이라는 뜻으로 발전해 왔다고 할 수 있다. 문화를 넓은 의미에서 보면 해석상 인류학에서 볼 수 있는 문화적 규정 개념이 있다. 영국의 인류학자요, 비종교학자인 타일러(Edward Burnetylor. 1832-1917)의 문화 정의는 "문화 혹 문명이란? 지식. 신앙. 예술. 도덕. 법률. 습관. 기타 인간이 사회 구성원으로써 획득한 모든 능력과 습성의 복합적 전제이다."라고 했다. 헤겔(G.W.F Hegel)은 문화는 제2의 자연이라고 했다. 즉 문화는 단순한 자연의 되풀이가 아니며, 따라서 인류는 문화를 통해서 보다 나은 이상(理想)과 보다 풍부한 행복한 삶을 전진해 나가는 것이라고 했다.

2) 본질

문화의 본질은 처하여진 자연과 환경, 지식 물질을 가지고 수준 높은 양식적 수단을 통해서 자기의 행복을 만들어가고 아울러 가치있고 보람된 삶의 질(質)을 통하여 타인이나 사회 국가 혹은 인류에게 유익을 주고 행복을 공유하는 이상적 삶의 모습이다.

3) 문화의 특징

어떤 존재든지 어떤 사상이든지 국가나 사회를 막론하고 나름대로 특징이 있다. 이것은 각자 개인에게도 은사가 있다는 것과 동일한 이치이다. 우리가 연구하고자 하는 문화라는 것도 나름대로 특정적 요소를 찾아 볼 수 있다.

첫째, 문화는 다분히 사회적인 성격을 지니고 있다는 사실이다. 문화는 사회 안에서, 인간 생활에 불가피하게 서로 맞물려 있고 엉켜있기 때문에 나홀로적 속성을 거부하고 우리라는 사회적 속성을 강력하게 가시화한다.

둘째, 문화를 통해 인간이 인간다워지며, 그 인간의 진지한 희망사항을 실현시켜 가는 참 삶의 길을 살아가는 것이다. 순화된 언어, 연마된 인격, 바르게 닦여진 양심, 훈련되어진 생활, 깨닯아진 신앙, 준비되어진 물질 등을 통해서 한 계단 높은 가치와 행복을 실현해 나가는 역할을 하게 된다.

셋째, 문화는 인간 삶에 있어서 최고의 가치와 최상의 품질을 보증할 수 있는 품질보증 마크와 같은 곳이다. 우리는 문화인이라는 말을 사용한다. 문화인이라는 말의 반대 될 수 있는 표현은 미개인 혹은 비 문화인이라고 할 수 있겠으나 미개인이나 비 문화인에게도 그들만에 문화는 있다. 그러므로 인간은 문화인답게 하는 것은 물질계의 진선미(眞善美)와 정신(精神)계의 양심, 도덕, 지식, 사랑, 평화, 신앙, 학문 등을 균형 있게 갖는 것이다. 이것을 통해 세상과 사회를 아름답게, 행복하게 하는 것이 문화이다. 문화인은 존중과 대접을 받고 비문화인은 학대와 수치심을 면할 수 없다.

넷째, 문화는 다원주의를 지향하는 문화가 인간에게 주어진 특징적 은사라고 할 때 인간의 삶은 셀 수 없을 만큼 다양한 분야를 내포하고 있다. 이에 따라 문화의 다원성도 설명할 수가 있고 또 적용되는 것이다. 예를 들어 우리는 정신문화라는 말을 쓸 뿐만 아니라 물질문명(物質文明)이라는 말도 쓰며 국가적 문화, 지역적 문화, 사회적 문화라는 말도 쓴다. 또한 남성이나, 여성이나, 청년이나, 노인 등 엄청나게 다양한 분야대로 문화가 있다. 종파별 종교문화가 있으며, 경제 문화, 교육문화, 군사문화, 농촌문화, 등등 다양한 문화가 존재한다. 이것들 중

어느 한 분야라도 소홀히 할 수가 없고, 더하고 덜할 것도 없다. 어떻든 문화는 사회의 다양성에 비례하여 다원적이다. 우리는 여기서 그 많은 다양한 분야 최고의 가치와 최상의 물질로 문화를 형성해 가야 할 사명이 있는 것이다.

4) 자네가 문화인인가?

자기가 자기를 가르켜 문화인이라고 해서 문화인이 되어지는 거시 아니며, 나는 비문화인이라고 한다고 해서 비문화인이 되는 것도 아니다. 그 사람의 사람다움이 나타날 때 주위 사람들이나 또 다른 제 삼자로부터 문화인 혹 비문화인이라는 지칭을 받게 되는 것이다. 문화인 다운 것 몇 가지를 제시해 본다.

가) 언어 사용이 순화된 사람인 것이다.

사람이 언어를 사용하면서 살고 있다는 것 자체가 어떤 면에서는 큰 축복이다. 그런데 이 복스러운 언어도 사용하는데 따라 불행이나 혹은 행복할 수 있다는 것이다. 같은 말이라도 사용하는 사람에 따라서 듣는 사람에게 희망과 활력을 주는 경우가 많다. 현대에 있어서 문화인이라 함은 순화된 언어를 사용하는 사람을 가리킨다. 제아무리 모든 것을 갖춘 사람이라고 하더라도 언어 행동 즉, 말솜씨가 순화되어 있지 못하면 문화인의 반열에 동참될 수 없는 것이다.

나) 역사인식이 바로 된 사람이다.

인간은 역사를 가졌다는 인식을 하고 사는 유일한 존재다. 역사라고 하면 우리는 지나간 과거사를 연상한다. 그러나 그것만이 역사라고 할 수 없다, 현재도 역사이고 앞으로도 역사인 것이다. 인간에게 역사가 필요하고 그 역사를 인식하는데 따라 절망과 희망이 엇갈리기도하고 또 새로운 역사를 창조하기도 할 뿐만 아니라, 삶의 질을 진전 혹 퇴보하는 결과를 가져오기도 한다.

문화인이란? 올바른 역사 인식을 갖출 때 얻어지는 명칭이다.

다) 인륜 도덕적 생활을 하는 사람이다.

인륜도덕이란 인간이 인간답게 사는 양심적 생활 표현이다. 도덕은 여러 창조물 중에서 인간만이 두드러지게 체계화 됐음을 자랑 할 수 있는 부분이다. 선량한 마음과 도덕적 정신과 깨끗한 생활이 물같이 흘러서 자신과 타인 혹 우리와 사회에 귀감이 되어질 때 인륜 도덕의 문화인이라 할 수가 있을 것이다.

라) 공공질서를 생활화하는 사람

공공질서는 개인을 위하기 전에 여러 다수를 행복하게 하기 위하여 필요한 규범 약속인 것이다. 이것은 사회를 형성하고 있는 다수 혹, 전부가 우선적으로 지켜가는 일상적 생활이 될 때 행복한 사회가 만들어 지는 것이다. 지식층이며 상류층이라고 자칭하는 사람 혹 권력자나 큰 사람일수록 공공질서를 솔선수범하는 모범을 보일 때 문화인 혹 문화적인 삶을 누릴 수가 있는 것이다. 성분규범을 잘 지키고 생활 규범을 질서 있게 이행하며 공회에 결의된 내용들을 겸손하게 실천할 때만 문화인의 삶을 자랑할 수 있게 되는 것이다.

마) 보수와 진보를 조화 할 줄 알아야 될 것이다.

보수와 진보를 더 쉬운말로 하면 새대차라고도 할 수 있을 것이다. 사상적인 것만이 아니고 사는 생활까지의 전부를 포함해서 기성세대와 젊은 세대 아니면 보수주의자와 진보주의적 사상가 등 세상은 양론적일 수가 있는 것이 정상일지도 모른다. 이런 사고적 인식차이등을 갈등으로 몰아가지 말로 타협과 조화를 이루어 창조적 발전을 만들어 갈 수 있는 성숙한 인격자가 문화인일 것이다. 혹은 빈부차이나 종교적 이반, 민족적 상이점 등 모두를 포함해서 그렇다. 조화의 미덕은 훨씬 더 질 좋은 삶을 만들어 갈 수 있을 것이다.

바) 종교관(심)이 건전해야 한다.

인간은 종교심을 삶에 저변에 깔고 있다. 원칙적으로 무종교인이란 존재하지 않는다. 어떤 경우에 자기가 속해 있는 종교가 훌륭하다고 하는 것을 넘어서 다른 종교를 무시내지 천대하는 것은 좋은 모습이 아니다. 인간을 계몽하여 선량한 인심과 평화로운 세상을 만들어 아름다운 삶을 목적하는 데는 차이가 없다. 종교를 통해서 신을 보며 신(神)을 봄으로 삶이 진지해 진다면 고마운 것이다. 문화인은 인간에게 종교가 왜 필요한가에 대한 바른 인식이 필요하다. 배타적인 광신주의적 종교는 엄격하게 종교라고 할 수도 없고, 우리 사회를 불행하게 만드는 해충적 바이러스에 불과한 것이다.

사) 에티켓(etiguette)을 지켜야 한다.

에티켓은 영어의 단어이며 이 말은 우리말로는 예의, 범절 등 일반적 상식으로의 기본적 생활이다. 다시 말하면 에티켓은 어느 규정을 정해놓고 이대로 하라라도 좋지만 사람이 개인적 만남이든지 단체적 모임이든지 아니면 혼자라든지 막론하고 자기의 행동이 타인이나 제 삼자에게 피해나 손해 등을 끼친다든지 아니면 좋은 기분을 언짢게 한다든지 행복을 방해하는 행동을 금하는 것이 에티켓일 수가 있는 것이다. 더 나아가서 타인이나 이웃을 행복하게 할 수 있다는 참 좋은 사람으로 인상에 남는 것이다, 문화인이란 에티켓을 잘 지켜서 행복한 인생을 살고, 나 아닌 타인에게도 행복한 영향을 줄 수 있어야 한다,

아) 긍정과 창조적인 삶에 설계를 가져야 한다.

긍정이란 무슨 일 사건이나, 사건을 대할 때 같은 값이면 좋은 쪽으로 생각하여 잘되는 방향을 모색하는 것이고, 창조적이다라는 것은 과거를 현재의 교훈으로 삼아 보다 좋은 내일을 만들고자 하는 사고적(思考的) 삶인 것이다. 부정적 억지를 부림으로 행복을 불행으로 되게 하고, 그럴듯한 만용적 이유를 핑계로 일을 그르치게 하는 소송행은 문화인일 수가 없고 내일의 희망의 문을, 고집이나 아집으로 잠그는 인사에게는 결코 희망을 기대할 수가 없을 것이다. 자기 삶에 가치를 수시로 충전하여 보다 이상적인 삶을 연구발전해 가는 사람이 문화인 것이다.

자) 사리사욕에 눈을 감아야 한다.

이해관계가 지나쳐서 자기의 욕심을 충족시키기 위해 사리사욕에 눈이 밝으면 사적으로나 공적으로나 남에게 피해와 상처를 주며 증오심을 일으키게 한다. 권력이나 재물이나 명예의 허욕을 부리다가 자신도 망하고 사회도 망하게 한다. 이런 사람은 문화인다운 명함을 가질 수가 없는 것이다.

차) 한탕주의 인생관을 떨쳐 버려야 한다,

인간은 호기심의 동물이다. 평범한 생활을 하다가도 어느 정점에 이르러 한탕주의적 호기심이 발동할 때가 있는 것이다. 물론 그자체가 악이라고 할 순 없고 경우에 따라서는 창의적 기회일 수도 있을 것이다. 다만 한탕주의적 사고가 그 인생을 지배한다면 그는 성실성을 망각하고 항상 횡재와 요행만을 기다리며 살게 된다는 것이다. 그런 와중에서 자신도 모르는 사이에 자기가 폐쇄되고 가까운 사람에게 짐이 되고 또 다른 이웃에게 피해나 원망만 가져오게 된다는 것이다. 집을 팔아서 복권을 구입한다든지 빚을 내서 노름을 한다든지 등등을 생각할 때 한탕주의 인생은 끔찍하기까지 하다. 총칼만 들었다고 무서운 것이 아니고 한탕주의적 자기 인생이 무서운 줄 알아야 될 것이다. 문화인은 그런 것이 아니다. 땀을 흘려 일하고 정직하게 생활하며, 선량하게 살아가며, 희망과 행복을 만들어가려고 노력하는 사람이 진정한 문화인인 것이다.

제 10 장
무엇이라고 말할까요?

"여보게! 자네가 인생을 아시는가?"라고 하여 족히 10장까지를 써 왔으나 인간이 무엇인지 나도 지금 잘모르겠다. 번데기 앞에서 주름잡으려는 무모한 행위에 대해서 독자 여러분에게 미안하게 생각한다. 참새가 죽어도 짹하고 죽고, 병아리는 죽어도 삐약하고 죽는가 하면 강아지는 죽더라도 깨갱하고 죽는다는 말이 있다. 아울러 필자도 여러 독자들에게 지탄의 매를 맞을 각오를 하면서 인간아! "여보게! 자네가 인생을 아시는가?"라는 말로 참새의 짹소리를 대신하고자 한다.

1. 모상적 존재(母喪的存在)

이성(理性)이 인간 본성의 불가피한 일부분이듯이 인간과 조물주와의 자연적 유사성도 인간의 자연본성의 일부인 것이다. 이 유사성은 누가 도중에

혼합시켰거나 어떤 본래에 다 무엇을 업그레이드한 것이 아니라 바로 인간됨의 본질인 것이다. 그런고로 인간은 선악을 불문하고 조물주의 모상을 여전히 지니고 있으며, 주물주께로 정위(定位)되어 있는 것이다. 아울러 인간은 조물주를 닮은 자연적 유사성이 망실(亡失)될 수 있다는 시사적 뉴스는 어느 문헌이나 역사나 성경에도 없다. 조물주가 주신 인간의 최고 영예인 유사성을 후손만대에 전수시킬 능력을 인간에게 주셨음을 의미한다. 설사 인간에게 있는 조물주의 모상이 죄로 인해 상실됐거나 그 결과로 인간의 이성이 흐려졌고 의지가 약화됐으며 그 모양새가 구겨졌더라도 괴멸된 것은 아니며 죄악의 상태일지라도 인간은 조물주 앞에 책임성있는 존재다.

2. 통로적 존재(通路的存在)

인간학은 인간이란 무엇인가를 문제로 하는 것인데 인간을 생물학적 생리학으로 고찰하는 자연 인류학과 인간을 문화 생활을 영위하는 존재로써 고찰하는 문화인류학이 있다. 양자의 공통점은 경험적 사실에 입각한 실증과학으로 인간 존재를 대상하여 고찰하는데 반해 철학적 인간학은 인간 존재를 통로로 하는 인간학이며 여기서는 인간 존재를 대항이 아니라 주체로 본다고 셸러는 주장한다. 그는 물리학적, 화학적, 생명적, 정신적 존재들, 이들 존재의 본질은 인간 존재에 의해 발견된 것이며 대우주의 최고 근거도 인간에 의해 발견됐다고 믿고 따라서 인간존재는 작은신(Mictotheos)으로써 절대자의 조물주께로 가는 통로라고 한다. 이 말은 하이덱커의 '기초적 존재론'이나 야스퍼스의 '실존개명'에서 말한대로 셸로의 철학적 인간학의 세련미를 더해 주었다고 한다.

3. 의무적 존재(義務的存在)

인간은 조물주의 모상대로의 존재자임이 사실이라면 당연히 그를 본받을 의무가 부여된 존재인 것이다. 그가 자비하듯이 인간이 그것을 본받고 그가 의(義)롭듯이 인간이 함께 정의로워야하며, 그가 인류를 사랑했듯이 인간 또한 인류애를 가져야 한다. 뿐만아니라 그가 거룩하셨듯이 인간은 성결해야 하며 아울러 인간은 성스러움을 갈망하여 그의 형상을 본받을 절대적인 의무가 부여된 것이다. 그런고로 인간 각자들이 의무적 존재임을 알고 산다면 세상은 훨씬 더 조물주의 기대치에 가까워질 것이다.

4. 창조적 존재(創造的存在)

인간은 본인의 선택 여하와 무관하게 조물주의 모상에 존재라는 것은 이미 설명했다. 따라서 인간은 그의 모상대로 창조적 존재임을 부정하지 못한다. 물론 이뜻은 조물주의 창조의 세계는 완전하며, 그 사역이 완료된지가 오래다. 그럼에도 불구하고 인간이 창조적 존재라는 의미를 부인하지 못함은 그의 모상을 소유했기 때문이다. 그의 창조의 세계를 하나하나 찾아가는 것이 인간됨의 창조적의 의미다. 무궁무진한 조물주의 창조 세계를 오늘도 부단하게 찾아 새로운 감각적 생활적 희망적 내세적 꿈을 키워가는 것이 인간이다. 만물적 생태학적 정신적 영감적 물리학적 생명학적 우주론적 내세론적 세계속에 숨겨져 있는 창조적 의미와 실체들을 발견함을 위해 최선을 다하는 것이 인간됨의 창조적 존재인 것이다.

5. 법치적 존재(法治的存在)

법은 질서를 위한 실천적 약속이다. 현명한 자가 법칙을 만들었고 행복한 자가 법치를 생활화 하는 것이다. 조물주는 질서를 창조하셨고 그 질서의 규약인 법치를 섭리하신다. 우주의 법칙이 있는가하면 국가의 법칙이 있고 따라서 모든 인간이나 만물(萬物)까지도 일정한 법칙속에서 생성하고 살아가며 또 죽어간다. 봄은 오고 여름이 가는 것이나 해가 뜨고 기류가 바뀌는 것이 법칙의 순응이며 조물주의 계획이다. 독자 여러분! 인간이 출생하고 사망하는 것이 어찌 무법천지겠는가? 산이 솟고 바다가 출렁이는 것이 우연하단 말은 세상 어느 구석에도 없다. 시간이 흐르고 기차가 달리는 것, 울기도 하고 웃기도 하는 모든 유사한 사건들이 법칙이행을 위해 움직이는 현상들이다. 당신도 예외일 수가 있을 수 없을 뿐만 아니라 그 법칙에 따른 삶에 주역 배우인 것이다.

6. 조화의 원칙을 잊지 마시오.

어느 책을 읽다보니 이런 얘기가 있어 이 책에 끝마무리에 붙인다. 두 사나이가 악한에게 쫓겨 깊은 골짜기의 낭떠러지까지 왔다. 골짜기를 건너는 데는 한 개의 로프가 매여져 있을 뿐이었다. 그래서 이 두 사람은 이 로프를 타고 건너가기로 했다. 첫 번째 사나이가 곡예사처럼 재빨리 건넜다. 두 번째 사나이가 아래를 나려다 보니 아슬아슬한 천길 낭떠러지가 무섭게 보였다. 그는 비명소리처럼 크게 외쳤다. 너는 어떻게해서 그렇게도 멋지게 건너지? 무슨 비결이라도 있나? 먼저 건너간 사나이가 대답을 했다. 이런 밧줄을 타고 건너는 것은 처음이어서 잘 몰랐다. 그러나 한쪽으로 기울어질 것 같을 때 다른 한쪽에 힘을 넣어 균형을 조절했기 때문에 무사히 건널

수 있었던 것을 잊지 말라고 했단다. 균형 잡는 삶을 잊지 말라는 진지한 당부였다. 행불행이 당신에게만 있지 않으며, 성공 실패가 당신 만의 단골 메뉴가 아니다. 귀하고 천한 것이나 생사의 살림길을 염려하는 것이 인간이 짊어져야 하는 십자가 일찐대 혼자 무서워 떨 필요가 없다. 좌로나 우로나 치우치지 말고 균형잡고 살도록 했으면 좋겠다. 정신 자세에 더 그렇다.

7. 함께 갑시다.

나도 모르는 내 인생은 어느 날 갑자기 여인의 자궁 세계를 벗어나 넓고 추운 세상에 안쓰러운 비명을 지르며 출생했습니다. 지식과 방법은 그리도 많았습니다. 먹여주고 입혀주고 잠재워 주고 잔소리 굵은 소리를 듣다보니 어느새 2-30년이 언덕에 왔습니다. 장난같지 않은 인생을 힘들고 고독하게 헤쳐 나가야 하나요? 반짝반짝 빛나는 눈동자들은 나에게 뭐하느냐고 재촉을 가혹하리 만큼 했어요. 처자식을 위해 의지의 기둥이 되려다 보니 냇가에 조약돌처럼 닳고 닳았습니다. 웃고 울고 맞고 때리면서 동서 남북 구별못하고 살다보니 여기서 그만 은퇴하라고 하네요. 찬란했던 4-50대의 불꽃 같았던 정열도 이제 그만 그 향내마저 날아가고 있습니다. 이제 그만 함께 갑시다. 까마득한 옛날!

도랑치고 가재잡던 그때. 물오른 버들가지 껍데기는 희한한 호들기 소리를 냈었지요. 진달래꽃 봉우리 탐스럽게 꺾어 오면 야야 꽃 꺾으러 산에 가면 문둥이가 꽃속에 숨었다가 잡아간단다고 왜 했던가? “새나라의 어린이는 일찍 일어납니다.” 이런 유행어(?)를 함께 불렀던 옛 친구들은 지금 모두 어디 있는지? 이팔청춘 싱그러운 젊음의 세월은 누구에게 보상받고 물러 달라고 해야 합니까? 삭막한 세월의 불청객이 모두다 싸들고 휭하니 가

버렸다지만 그래도 그를 탓할 수도 없어요.

붉게 피었던 동백꽃 언덕을 추억 속에 그리면서 아직도 남은 토막의 세월을 가야지요.

여보게! 자네도 인간임이 분명하시던가? 그렇다면 보상받을 것은 없더라도 쪽박은 차지 말아야지요. 봇따리 짐 싸들고 나를 세상에 출생시켜주셨던 조물주 하나님을 향해 갑시다. 그는 나를 오라하시며 그는 인애(仁愛)와 도량(道量)이 무궁무진하시답니다. 남녀노소(男女老少) 빈부귀천(貧富貴賤)그리고 성속의 차별적 구별없이 지금같은 마음만 먹고 가면된대요. 사기꾼도 도적놈 살인자도 마음먹고 가면 환영하신답니다. 그에게는 한숨이나 눈물이 없대요. 아픔이나 괴로움이 없대요. 물고뜯고 불행하고 원수맺는 저주와 죽음도 없는 곳이랍니다. 기쁨이 있고 찬양이 있고 향기가 있고 복을 누리는 영생이 있고 너와 우리가 행복을 누리는 그곳 천국을 향해 함께 갑시다.

생명 충만함이 가득한 곳, 태양보다 밝은 빛은 삶에 광명을 주고, 너와 내가 진정한 사람으로 공동화된 영원한 나라, 그런 곳이 있다면 가고 싶지 않은가요? 없다고 안 믿지 말고 있다고 믿고 긍정하세요. 너와 내가 함께 갈 곳, 여기 말고는 또 어디도 없어요. 살다가 가는 곳, 유일한 처소로 함께 갑시다.